Excel
财务数据处理与分析自动化
案例视频精讲

韩小良 ◎ 著

清华大学出版社
北京

内容简介

财务人员每天都在处理各种各样的表格，计算各种各样的数据，然而，有些财务人仍停留在手工处理数据阶段，效率低，费时费力。本书共8章，从正确认识Excel和规范表单结构，结合大量实际案例，介绍在财务工作中经常使用的Excel技能、技巧，对于每个知识点、技能点以及实际案例，都录制了相应的操作视频，帮助读者快速提升Excel的应用能力。本书的学习视频共134节，808分钟，用手机扫描书中二维码即可观看。

本书适合各类财务人员、其他相关专业人员和财经类院校财务专业的学生学习使用。

本书封面贴有清华大学出版社防伪标签，无标签者不得销售。

版权所有，侵权必究。举报：010-62782989，beiqinquan@tup.tsinghua.edu.cn。

图书在版编目（CIP）数据

Excel财务数据处理与分析自动化案例视频精讲 / 韩小良著. —北京：清华大学出版社，2023.4（2024.1重印）

ISBN 978-7-302-62866-8

Ⅰ.①E… Ⅱ.①韩… Ⅲ.①表处理软件–应用–财务管理 Ⅳ.① F275-39

中国国家版本馆CIP数据核字(2023)第036385号

责任编辑：袁金敏
封面设计：杨纳纳
责任校对：徐俊伟
责任印制：丛怀宇

出版发行：清华大学出版社
网　　址：https://www.tup.com.cn，https://www.wqxuetang.com
地　　址：北京清华大学学研大厦A座
邮　　编：100084
社 总 机：010-83470000
邮　　购：010-62786544
投稿与读者服务：010-62776969，c-service@tup.tsinghua.edu.cn
质 量 反 馈：010-62772015，zhiliang@tup.tsinghua.edu.cn

印 装 者：小森印刷霸州有限公司
经　　销：全国新华书店
开　　本：170mm×240mm　　印　张：16.75　　字　数：360千字
版　　次：2023年4月第1版　　印　次：2024年1月第2次印刷
定　　价：79.00元

产品编号：099170-01

前言

　　这是一本针对企业财务人员（及相关人员）的 Excel 应用全视频学习用书。

　　财务人员每天都要处理各种表格数据，制作各种统计分析报表，但苦于技能不够，又没有时间静下心来去看一本书，只能是临时有问题了，去网上搜搜相关的帮助，看些只言片语，看几分钟的免费视频，结果一年下来，还是对 Excel 感到陌生，还是很多技能没有掌握，还是加班加点地处理数据。

　　因此，财务人员就更没有时间去学习新知识，没有时间去考证书，因为纷沓而来的各种表格，犹如一张大网，把自己罩得死死的，无法动身。

　　对于财务人员来说，如何快速提升自己的数据处理和分析的效率，如何快速掌握不可或缺的 Excel 实用技能、技巧，如何从烦琐的低效率工作中解脱出来，处理思路和处理工具，二者是并行存在的，缺一不可。有了正确的思路，能熟练运用工具，就能快速制作出有说服力的报告。

　　本书共 8 章，结合大量的财务工作实际案例，系统详细地介绍 Excel 在财务数据处理与分析中的各种实用技能、技巧。

　　第 1 章介绍 Excel 的重要规则，帮助读者正确认识和使用 Excel，培养数据管理和数据分析的逻辑思维。

　　第 2 章介绍日常数据整理与规范的实际应用技能和技巧，提升数据处理效率，为以后的数据分析提供规范的数据表单。

　　第 3 章介绍设计基础表单的基本理念和逻辑，用实际案例来训练财务人员的表单设计能力。

　　第 4 章针对财务工作中的各种数据核对问题，介绍数据核对的高效实用方法和技能。

　　第 5 章就财务报告格式的设置与美化进行详细介绍，让财务分析报告与众不同，出彩加分。

第 6 章介绍财务管理的常用函数与综合应用案例,让读者快速提升 Excel 函数公式的应用能力,尤其是解决问题的逻辑思路,并能够举一反三,拓展函数公式的实际应用。

第 7 章介绍快速合并汇总大量工作表的实用技能和技巧,数十个、数百个表格汇总一键搞定。

第 8 章重点介绍利用数据透视表,快速、灵活地掌握财务数据的技能和技巧。学会数据透视表,大部分财务数据分析工作就易如反掌。

本书介绍的每个知识点、技能点以及实际案例,都录制了相应的操作视频,帮助读者快速提升 Excel 的应用能力。

学习贵在持之以恒,还要不断总结和提升。

祝愿各位读者朋友,工作愉快,学习快乐,每天都有进步。

作者

2022 年 8 月

目录

第 1 章 转变观念，正确认识 Excel 01

1.1 设计科学规范的基础表单 02
- 1.1.1 每个表单都是一个具体的业务 02
- 1.1.2 表单设计一定要有逻辑 03
- 1.1.3 表单数据一定要规范 03
- 1.1.4 设计基础表单的感悟 04

1.2 掌握必需的 Excel 工具 04
- 1.2.1 掌握常用的数据处理工具 04
- 1.2.2 掌握常用的函数 05
- 1.2.3 掌握数据透视表 05
- 1.2.4 掌握 Power Query 工具 05
- 1.2.5 掌握数据分析可视化工具 06
- 1.2.6 学点代码锦上添花 06

1.3 培养 Excel 应用的逻辑思路 06
- 1.3.1 表单设计中数据管理的逻辑思路 06
- 1.3.2 函数公式中数据计算的逻辑思路 06
- 1.3.3 数据分析中企业管理的逻辑思路 07

1.4 构建数据自动化管理和分析模板 08
- 1.4.1 设计数据自动化管理模板 08
- 1.4.2 设计数据自动化分析模板 09

第 2 章 快速整理加工财务数据 10

2.1 将二维表转换为一维表 11
- 2.1.1 数据透视表方法：一个表格 11
- 2.1.2 数据透视表方法：一个表格（准二维表）........................ 14

2.1.3 数据透视表方法：多个表格 16
2.1.4 Power Query 方法：一个表格 19
2.1.5 Power Query 方法：多个表格 23
2.2 处理合并单元格 29
2.2.1 有合并单元格的多行标题 29
2.2.2 列数据中有大量的合并单元格 30
2.3 批量删除空行和空列 32
2.3.1 使用常规方法批量删除空行和空列 32
2.3.2 使用筛选方法批量删除空行和空列 33
2.3.3 数据量大的情况下批量删除空行 34
2.4 批量删除小计和总计 35
2.4.1 使用常规方法批量删除小计行 35
2.4.2 使用筛选方法批量删除小计行 37
2.5 快速修改非法日期 38
2.5.1 使用分列工具快速修改非法日期 38
2.5.2 使用分列工具修改非法日期的注意事项 39
2.5.3 使用函数公式修改非法日期 40
2.5.4 输入日期的技巧 41
2.5.5 设置日期格式的技巧 42
2.6 转换数字格式 44
2.6.1 将数字转换为原位数的文本型数字 44
2.6.2 将数字转换为固定位数的文本型数字，位数不够就补零 44
2.6.3 将文本型数字转换为数值的技巧 45
2.6.4 容易混淆的概念：单元格和数据 47
2.7 快速删除特殊字符 47
2.7.1 删除特殊字符的常规处理方法 48
2.7.2 利用 Power Query 快速处理 49
2.8 快速填充空单元格 50
2.8.1 快速填充上一行数据 50
2.8.2 快速填充下一行数据 51
2.8.3 快速向空单元格中填充数字 0 52
2.9 查找与删除重复数据 53
2.9.1 使用条件格式标注重复值 53
2.9.2 使用 COUNTIF 函数统计重复次数 54

2.9.3　删除重复值，保留唯一值 55
　　2.9.4　获取不重复项目 56
2.10　数据分列 57
　　2.10.1　根据符号分列（分列工具） 57
　　2.10.2　根据固定宽度分列（分列工具） 60
　　2.10.3　根据多个分隔符号分列（分列工具） 63
　　2.10.4　多次分列（分列工具） 65
　　2.10.5　使用函数分列（IF 函数） 66
　　2.10.6　使用函数分列（文本函数） 68
　　2.10.7　使用快速填充工具（Ctrl+E 组合键） 69
　　2.10.8　使用 Power Query 分列 69
2.11　批量修改数据 71
　　2.11.1　批量修改全部单元格数据 71
　　2.11.2　批量修改部分满足条件的单元格数据 72
2.12　整理数据的常用技巧 73
　　2.12.1　选择可见单元格 73
　　2.12.2　快速确认实际数据区域的大小 74
　　2.12.3　快速定位到数据区域的边界 74
　　2.12.4　快速选择数据区域 74
　　2.12.5　快速向下填充数据 74
　　2.12.6　快速向上填充数据 75
　　2.12.7　快速向左填充数据 75
　　2.12.8　快速向右填充数据 75
　　2.12.9　快速删除所有批注 75

第 3 章　财务表单设计技能与实战 77

3.1　正确区分两类表格 78
　　3.1.1　基础表单 78
　　3.1.2　报告表格 79
　　3.1.3　务必将基础表单和报告表格分开 79
3.2　严格区分三种数据 80
　　3.2.1　文本 80
　　3.2.2　日期和时间 80
　　3.2.3　数字 82

3.3 设计基础表单，是基础中的基础 82
   3.3.1 设计的基础表单要有逻辑性 83
   3.3.2 严禁用 Word 思维设计 Excel 表单 83
   3.3.3 数据输入要规范 83

3.4 设计与维护表单的实用技能 84
   3.4.1 思维导图：设计表单架构 84
   3.4.2 数据验证及其设置方法 84
   3.4.3 数据验证基本用法 1：只能输入规定格式的数字 86
   3.4.4 数据验证基本用法 2：只能输入规定的日期 87
   3.4.5 数据验证基本用法 3：在单元格中设计下拉列表，快速选择
         输入数据 87
   3.4.6 利用函数公式输入连续的序号 89
   3.4.7 利用函数公式引用基本资料表的数据 90
   3.4.8 根据已输入的列数据自动计算输入数据 90
   3.4.9 智能表格：自动向下复制公式，美化表格 91

3.5 快速输入数据的常用技巧 94

3.6 表单设计演练：固定资产管理表单 94

第 4 章 快速核对数据 98

4.1 核对数据的基本方法 99
   4.1.1 快速圈释无效数据 99
   4.1.2 利用函数公式比对数据 100
   4.1.3 使用数据透视表比对数据 100
   4.1.4 利用 Power Query 比对两个表，快速得到各种差异结果 103

4.2 核对数据的经典案例 111
   4.2.1 实际案例 1：核对社保 112
   4.2.2 实际案例 2：核对内部往来账 115
   4.2.3 实际案例 3：银行对账 121
   4.2.4 实际案例 4：核对应付余额 124

第 5 章 财务报表的格式化与美化 126

5.1 报表布局 127
   5.1.1 在表格的左侧和顶部留空 127

  5.1.2 设置边框和不显示网格线 127
  5.1.3 设置适合的行高与列宽 128
  5.1.4 设置字体和字号 128
  5.1.5 设置数字的格式 129
  5.1.6 设置文字向右缩进 129
  5.1.7 设置单元格的填充颜色 130
  5.1.8 在表格顶部写上单位 130
5.2 使用自定义数字格式，增强数字的可阅读性 130
  5.2.1 自定义数字格式的基本方法 131
  5.2.2 数字的自定义格式代码的结构 131
  5.2.3 缩小位数显示数字 132
  5.2.4 将数字显示为指定的颜色，并添加标识符号 133
  5.2.5 根据条件设置数字的自定义格式 135
  5.2.6 自定义数据标签的数字格式 135
5.3 利用条件格式自动标注重要数据 137
  5.3.1 数据条：标注呈现不同变化的数据 137
  5.3.2 图标集：标准上升 / 下降和红绿灯效果 138
  5.3.3 建立提前提醒模型，让数据追踪自动化 139
  5.3.4 使用公式设置条件格式的注意事项 142
5.4 按照自己的要求进行数据排序 142
  5.4.1 自定义排序 143
  5.4.2 先排序再恢复原始状态 146

第 6 章 财务管理中的常用函数与综合应用 147

6.1 公式的基本规则 148
  6.1.1 什么是公式 148
  6.1.2 公式中的元素 148
  6.1.3 公式中的运算符 148
  6.1.4 公式中的常量 149
  6.1.5 公式中的标点符号 149
    6.1.6 复制公式时合理设置相对引用和绝对引用 150
6.2 函数的基本规则 151
  6.2.1 什么是函数 151

6.2.2 函数的基本语法 151
  6.2.3 函数参数的类型 152
  6.2.4 培养输入函数的好习惯 152
 6.3 创建公式的实用技能技巧 153
  6.3.1 快速输入函数 153
  6.3.2 利用"函数参数"对话框和名称框快速创建嵌套函数公式 154
 6.4 日期计算的常用函数及其应用 156
  ▶ 6.4.1 获取当天日期：TODAY 函数 156
  ▶ 6.4.2 获取当天日期和当前时间：NOW 函数 157
  ▶ 6.4.3 计算到期日：EDATE 函数 157
  ▶ 6.4.4 计算月底日期：EOMONTH 函数 157
  ▶ 6.4.5 计算两个日期之间的期限：DATEDIF 函数 158
  ▶ 6.4.6 将年、月和日三个数字组合成日期：DATE 函数 159
  ▶ 6.4.7 计算星期几：WEEKDAY 函数 159
  6.4.8 实用公式：判断指定日期所在的时间区间 159
 6.5 处理文本数据的常用函数及其应用 160
  ▶ 6.5.1 截取一段字符：LEFT 函数、RIGHT 函数和 MID 函数 160
  ▶ 6.5.2 查找指定字符在字符串中的位置：FIND 函数 161
  ▶ 6.5.3 替换固定位数的字符：SUBSTITUTE 函数 162
  ▶ 6.5.4 把数字和日期转换为指定格式的文本：TEXT 函数 163
 6.6 逻辑判断函数及其应用 164
  6.6.1 IF 函数：基本原理与基本应用 164
  6.6.2 IF 函数嵌套的逻辑思路与技能技巧 165
  6.6.3 使用 IFERROR 函数处理错误值 166
 6.7 分类汇总函数及其应用 167
  6.7.1 单条件计数统计汇总：COUNTIF 函数 167
  6.7.2 多条件计数统计汇总：COUNTIFS 函数 168
  6.7.3 单条件求和汇总：SUMIF 函数 169
  6.7.4 多条件求和汇总：SUMIFS 函数 170
  ▶ 6.7.5 超过 15 位数字长编码的条件计数与求和问题 172
 6.8 查找引用函数及其应用 173
  6.8.1 VLOOKUP 函数：基本原理与基本应用 173
  6.8.2 VLOOKUP 函数：使用通配符匹配条件 174
  6.8.3 VLOOKUP 函数：自动定位取数的列号 175

6.8.4　VLOOKUP 函数：模糊匹配查找 176
　　　6.8.5　MATCH 函数：基本原理与用法 177
　　　6.8.6　INDEX 函数：基本原理与用法 178
　　　6.8.7　常用查找函数 VLOOKUP、MATCH 和 INDEX 的总结 180
　6.9　综合练习与数据分析 181
　　　6.9.1　制作销售分析底稿 181
　　　6.9.2　编制应收账款账龄分析表 182
　　　6.9.3　利用函数制作动态图表 185
　　　6.9.4　财务报表动态分析 191

第 7 章　快速合并汇总大量工作表 193

　7.1　合并结构完全相同的工作表 194
　　　7.1.1　使用 SUM 函数快速合并，得到所有工作表的合计数 194
　　　7.1.2　使用合并计算工具快速合并，得到具有分级显示的合并表 195
　　　7.1.3　汇总不同工作簿中大量结构相同的工作表 198
　7.2　利用数据透视表合并汇总 199
　　　7.2.1　二维表的合并：使用多重合并计算数据区域透视表 199
　　　7.2.2　一维表的合并：现有连接 +SQL 语句 202
　7.3　利用 Power Query 快速合并汇总 207
　　　7.3.1　合并汇总一个工作簿中的多个工作表 207
　　　7.3.2　合并汇总一个文件夹中的多个工作簿 212
　7.4　快速汇总有关联的工作表 219
　　　7.4.1　使用函数汇总有关联的工作表 219
　　　7.4.2　使用 Microsoft Query 工具汇总有关联的工作表 221
　　　7.4.3　使用 Power Query 工具汇总有关联的工作表 225
　7.5　利用 INDIRECT 函数快速合并汇总 228
　　　7.5.1　INDIRECT 函数：汇总大量工作表的核心函数 228
　　　7.5.2　INDIRECT 函数：快速抓取每个表格的合计数 230
　　　7.5.3　INDIRECT 函数：建立滚动汇总分析表 231

第 8 章　利用数据透视表灵活分析数据 234

　8.1　数据透视表的基础是规范表单 235
　　　8.1.1　规范表单结构 235

8.1.2 规范表单数据 235
8.2 创建数据透视表的基本方法 235
    8.2.1 以当前工作簿中的一个一维工作表创建数据透视表 236
    8.2.2 以当前工作簿中的多个一维工作表创建数据透视表 238
    8.2.3 以当前工作簿中的一个二维工作表创建数据透视表 240
    8.2.4 以当前工作簿中的多个二维工作表创建数据透视表 241
8.3 数据透视表的美化 242
    8.3.1 设置数据透视表的样式 242
    8.3.2 设置报表布局 243
    8.3.3 修改字段名称 244
    8.3.4 显示 / 取消分类汇总 244
    8.3.5 显示 / 取消报表总计 245
    8.3.6 合并标签单元格 246
    8.3.7 调整字段下项目的次序 246
    8.3.8 设置数字格式 247
8.4 利用数据透视表分析数据的主要技能 247
    8.4.1 排序筛选，找出前 10 名客户 248
    8.4.2 改变值字段的汇总依据，制作多种计算结果的报告 248
    8.4.3 改变值字段的显示方式，制作结构分析报告 249
    8.4.4 组合日期，制作年报、季报、月报 250
    8.4.5 使用切片器快速筛选数据 251
    8.4.6 绘制数据透视图，让分析结果可视化 252
8.5 快速制作明细表 253
    8.5.1 每次制作一个指定项目的明细表 253
    8.5.2 批量制作所有项目的明细表 254

第1章

转变观念，正确认识 Excel

笔者从事 Excel 学习、培训和咨询工作有 20 余年，从当初早八晚五地规律上班作息，到现在全年无休地给企业做咨询，在实践中发现，现在很多企业对 Excel 的认识和应用似乎还停留在 10 年前的水平。自己也搞不清楚是 Excel 发展太快，还是人们在原地踏步？

很多人经常会遇到这样的情况，明明是一个很简单的问题，只需一个 VLOOKUP 函数就可以解决，但是不会用，甚至明明看着有这个数据，就是取不出来。原因何在？

1.1 设计科学规范的基础表单

科学规范的表单是数据管理的基础,更是高效地进行数据分析的基础。但是很多人设计的表单既没有逻辑也没有规范,导致无论是日常处理数据还是对数据进行统计分析,都非常低效(或者根本就没效率)和烦琐。

即使是从财务软件中导出的数据,通常情况下也是无法直接进行计算分析的,需要先对其进行整理加工,制作成科学规范的表单。

1.1.1 每个表单都是一个具体的业务

企业管理的核心之一是数据管理,这就要求梳理好数据流程,设计好每个业务的基础表单。数据是具体业务的体现,因此每个表单都应该是一个业务数据,而不是将所有的业务数据都放在一个表单里。

例如,某家生产企业的营销部要设计一套销售管理表单,应该如何设计这样的数据表单呢?

销售管理的本质就是企业产品销售数据的管理,这就至少需要弄明白以下几个问题。

- 销售什么,即企业的产品管理表单,包括产品的一些基本属性(如产品编码、产品名称、规格型号、保本点、毛利率、定价、物料清单等),甚至涉及产品的生产周期、库存情况等,这些信息是很重要的。
- 销售给谁,即客户管理,因此企业需要知道客户的一些基本信息,如客户名称、地址、联系人、银行账号、税号等信息,这样可以随时联系客户,无论是开发票还是催回款,都可以方便查阅相应的信息。
- 开具发票,即发票管理,企业把产品卖给客户,需要给客户开发票,除非客户不需要发票(似乎是少数)。这样一方面完成了从销售到开票的过程,另一方面财务也可以根据开票情况进行财务处理(损益表上的收入确认),销售部也有案可循,并为后期的回款管理提供基础。
- 回款情况,即回款管理,企业需要了解每笔订单的销售回款情况,例如何时回款、是否及时回款、是否延期回款、是否一直未付款,每个客户的应收账款情况如何。这些都需要有回款记录数据,再联合发票管理信息,才能做到应收账款一目了然,对客户价值进行评估,制定相应的信用政策。
- 发货情况,即跟踪产品的发货和到货情况。发货是物流部和仓库的事情,但销售部必须给仓库下达出库单,明确给谁发货、发多少货、到货截止日期是哪天等。
- 售后服务,即对已销售商品的售后维护,包括质量跟踪、维修情况等,这些数据对改进产品很有用,从客户那里获取这些信息,及时反馈给技术部,从而改进产品、升级产品、研发新产品,这是一个良性循环。

1.1.2 表单设计一定要有逻辑

表单设计一定要有逻辑，即数据管理的逻辑、数据流动的逻辑。

表单保存的是基本资料吗？其他表单是否引用了这些表单的数据？其他部门的表单要不要引用这个部门的数据？账务人员按照自己的习惯设计出表单，然而只有他自己知道怎样获取数据，如果要把这个表单发给其他人，对方能否实现快速、高效地获取数据？

任何一个表单的设计都要考虑上下游数据的流动问题。一个表单既承接上游表单的数据，也要汇入下游表单中。因此，企业的各种数据管理表单并不是孤立存在的，而是彼此关联的。那么，用什么字段来关联？用什么方式来关联？怎样关联才能实现数据的顺畅流动？

数据是企业的血液，如果流动不畅出现淤堵，企业就会出现问题，轻则效率下降，重则影响生产。例如，一批货本来应在 3 个月前就支付货款，但是已经过了 3 个月，等客户打电话来催才知道；本来供应商的货款已经全部支付完毕，订单已经关闭，结果又莫名其妙地下单支付了数十万元！这样的数据管理损失的就不仅仅是金钱了。

表单逻辑不仅仅是表单与表单之间数据流动的逻辑，也是表单内部各字段的逻辑。

例如，销售部确定销售产品，技术部给生产部下达产品物资清单（BOM），生产部确定物料工费，采购部确定原材料采购计划，仓库确定是否收货等，这是一个企业正常经营活动的闭环，环环相扣，表表相接，如果逻辑乱了，后果可想而知。

即使是表单内部，也需要认真思考表单中需要哪些字段，哪些字段可以从上游表单中自动获取，哪些字段需要手工录入，哪些字段还需要为下游表单使用，每个字段之间的逻辑顺序是什么。这些都需要在设计表单结构时认真梳理和思考。

很多人以 Word 文档的思维（本质上是报告思维）来设计基础数据表单，结果生成了具有大量合并单元格的大而全的表格，这样会很麻烦。不是说绝对不能使用合并单元格，一些特殊的日报表记录表单（如生产部门的表单、品管部门的表单等）必须有这样的合并单元格存在，以方便、准确地记录和阅读数据，但即使是这样，也要考虑后续获取数据是否方便，是否能够被其他表单高效引用。

1.1.3 表单数据一定要规范

Excel 是很"包容"的，虽然用户可以在单元格中输入任意数据，但是在企业的数据管理中必须保证每个单元格中数据的准确性和规范性。

例如，"2021.7.23""21.7.23""21.07.23"这种格式的日期数据不能直接用于计算。

又如，在名称中加入空格，让文字上下对齐，导致无法使用 VLOOKUP 函数获取数据。

曾经见过这样的企业，因为材料编码、客户编码等数据没有事先确定规范，所以编码非常不规范，导致在进行数据处理分析时出现了诸多问题。

1.1.4 设计基础表单的感悟

每次培训课上都会看到五花八门、种类繁多、逻辑混乱、大而全的表格，每当此时，笔者就会问学生这样的问题。

- 为什么要这样设计表格？
- 这种表格的设计思路是什么？
- 表格的设计逻辑是什么？
- 要利用这个表格做什么工作？
- 日常维护数据方便吗？
- 能很快地做出需要的各种统计分析报表吗？
- 能快速提取需要的数据并将各表格自动化关联吗？
- 如果回答是"否"，为什么还要这样设计表格呢？

由习惯造成的想当然，导致很多本来很简单的问题，变得越发复杂，如果重新梳理和整理，又需要花费很多时间。

数据规范管理是企业最基础的底层设计，而很多企业往往忽略了这个最关键的一环，希望一步到位，直接上信息化 ERP，结果正如一个学生所说的那样：垃圾进去，垃圾出来。

1.2 掌握必需的 Excel 工具

无论是从一个表单中获取需要的数据，或者从几个表单中提取需要的数据生成一张汇总统计表，或者引入另外一个表单中，还是将多个表单数据合并，制作各种统计分析报告，都不能也不应该通过手工筛选、复制、粘贴（让人叹息的是，这些手工操作在实际工作中普遍存在），而应该利用相应的工具自动完成，如 Excel 函数、数据透视表、VBA 等，这些工具是任何一个财务人员必须掌握和熟练应用的。

1.2.1 掌握常用的数据处理工具

日常数据处理包括排序、筛选、复制、粘贴等，可以使用一些常用的 Excel 工具高效解决，而不是手工处理。即使使用这些工具，也要讲究方法，才能发挥最大的效率且不容易出错。

例如，排序很简单，要对数据区域按某列进行排序，只需单击该列的任一单元格，再单击功能区的排序按钮即可。

再如，要从客户列中获取不重复的客户名单，很多人使用高级筛选功能筛选不重复项，其实，Excel 提供了一个删除重复值的按钮，直接单击这个按钮即可。

Excel 还有一些非常实用的技巧（快捷键），适当掌握一些技巧可以提高数据处理效率。例如，可以联合使用 Ctrl+G 组合键和 Ctrl+Enter 组合键快速填充空白单元格；使用 Ctrl+E 组合键快速从某列提取并填充符合内在规则的数据；使用 Alt+; 组合键定位可见单元格等。

这些常用工具和技巧会在本书中结合实际案例进行详细介绍。

1.2.2 掌握常用的函数

在实际工作中,常用的函数并不多,不需要学会几十个上百个函数的使用方法,也没必要,因为有些函数在实际工作中很少用到,甚至根本用不到。

例如,财务工作中基本用不上这些所谓的财务函数（PMT、PRICE、SLN、DDB）,不要认为 Excel 中的财务函数就是用来做企业财务工作的。在财务管理中,更频繁的工作是合并数据、处理数据、查找引用数据、制作统计分析报表、制作财务经营分析报告等,这些工作就是反复使用查找函数（VLOOKUP、INDEX、MATCH、INDIRECT、OFFSET）、逻辑判断函数（IF、IFERROR、ISERROR）、分类汇总函数（COUNTIF、COUNTIFS、SUMIF、SUMIFS、SUMPRODUCT）等,而不是使用 Excel 函数分类中的"财务函数"。

例如,Excel 中提供了大量的数学函数和三角函数,但实际工作中,除了少数几个函数如 SUM、SUMIF、SUMIFS、ABS、INT、ROUND 外,其他的函数可能很少用得上。例如,在分析上半年的经营情况时,是不会用 SIN 函数画出正弦曲线来展示企业在曲折前进的。

要学习和掌握的函数并不多,能熟练运用、灵活运用即可。

1.2.3 掌握数据透视表

可以说,数据透视表是数据分析的利器,它的出现将人们从手动获取数据、汇总计算分析中解放出来,通过拖动字段瞬间就能得到各种统计分析报表。

大部分人都会使用数据透视表,但也要明白,数据透视表不仅可以使用一个表格数据进行透视分析,而且可以将多个工作表数据合并进行透视分析,还可以使用文本文件数据、数据库数据进行透视分析。此外,数据透视表不仅可以进行合计计算,而且可以进行组合计算、百分比计算、累计计算等,还可以在数据透视表中插入公式做更多的计算。因此,学会数据透视表的基本操作还不够,还要了解和掌握数据透视表在数据分析中的实用技能。

1.2.4 掌握 Power Query 工具

对数据分析来说,经常需要对大量工作表进行合并,对数据进行快速整理和加工,制作一键刷新的数据合并和数据分析模型。此时,Power Query 工具和 Power Pivot 工具就是不二选择了,也许有人还不清楚这两个工具是"何方神圣",但了解并学会使用后,就会发现函数和 VBA 似乎变得没有那么好用了。

例如,有十多个文件夹,每个文件夹中有数十个 Excel 工作簿,每个工作簿中有数十个工作表,怎样将这些工作簿的数据进行合并呢？Power Query 工具可以解决这个问题。

1.2.5 掌握数据分析可视化工具

数据分析可视化是数据分析的最终展示形式，正所谓一图抵万言，用图表说话。相信每个人都会制作柱形图、折线图、饼图，但是数据分析结果不只是柱形图、折线图、饼图能展现清楚的，因为图表反映的不是数字层面的信息，而是数字背后隐藏的信息。

例如，两年销售额增长了30%，此时需要层层剖析，这样的增长是哪个产品带来的，是哪个地区带来的，是哪些客户带来的，图表会直观地显示这些信息。

数据分析可视化的常用工具有 Excel 图表、Tableau、Power BI 等，其中 Excel 图表是基础。尽管制作深度的数据分析图表有点烦琐，但可以随时切换数据分析角度，转换分析逻辑，在这一点上 Excel 图表展示出了它的灵活性和包容性。

1.2.6 学点代码锦上添花

不论是什么工作岗位，如果需要频繁地处理数据，最好学点代码，如 VBA、Python 等，尤其是 VBA，Excel 中本身就有，也能很方便地处理 Excel 表格，学习起来也很简单。花点时间、精力掌握一些 VBA 知识，并用在实际的数据管理和数据处理工作中，开发一些自动化的数据管理系统，可以让数据采集和数据处理更加自动化，单击按钮就能快捷而高效地完成。

1.3 培养 Excel 应用的逻辑思路

函数、VBA、Python、Power BI、Tableau 等的本质是逻辑思路，即数据管理的逻辑思路、解决问题的逻辑思路、函数公式的逻辑思路。

1.3.1 表单设计中数据管理的逻辑思路

正如前面所说，表单设计是数据管理的基础，也是企业管理的基础。没有科学规范的数据管理表单，就谈不上高效管理。

在设计每个表单之前，都要思考：这个表单是干什么的（本业务）？这个表单会引用谁（上游业务）？这个表单会被谁引用（下游业务）？对这个表单数据能否快速进行分析（管理决策）？

当厘清逻辑思路后，才能开始表单的具体设计。即使是这样，在设计表单的过程中也需要不断地调整基础表单结构，需要了解上游表单是否能满足基础表单要求，进而反馈给上游，提出上游表单的修改建议。

1.3.2 函数公式中数据计算的逻辑思路

函数公式是 Excel 的核心。很多人所谓的"会用"函数，也仅仅是会套用函数公式而已，并没有从原理上、逻辑上了解函数，没有学会从表格中寻找解决问题的逻辑思路。

例如，几乎所有人都会用 VLOOKUP 函数，但是，如果基础表单的列顺序或列位置发生变化，应如何解决取数位置的自动调整？有人说，改改公式就行了。如果不觉得麻烦，这样也行。

先看一个经典案例。如图 1-1 所示的一个二维表，需要做两个维度条件的数据查询。不同的人会给出不同的公式，如使用 VLOOKUP 函数、HLOOKUP 函数、INDEX 函数、OFFSET 函数，但这个案例的核心逻辑不在于某个函数的使用，而在于解决数据查找的核心是什么。是条件定位，也就是 MATCH 函数，因此就出现了很多解决方案。

	A	B	C	D	E	F	G	H	I	J
1	地区	产品M	产品B	产品C	产品A	产品Q				
2	华北	974	388	763	641	455			指定地区：	华东
3	华南	562	705	839	816	474			指定产品	产品C
4	西北	448	665	737	1147	661				
5	华东	284	600	217	1033	306			数据=？	
6	东北	382	122	406	306	258				
7	西南	895	393	650	346	772				
8	华南	1193	1063	1097	871	439				
9										

图 1-1　数据查找的简单案例

不论查找的结果是文本还是数字，下面的公式都是通用的。

- 公式 1：=VLOOKUP(J2,A2:F8,MATCH(J3,A1:F1,0),0)。
- 公式 2：=HLOOKUP(J3,B1:F8,MATCH(J2,A1:A8,0),0)。
- 公式 3：=INDEX(B2:F8,MATCH(J2,A2:A8,0),MATCH(J3,B1:F1,0))。
- 公式 4：=OFFSET(A1,MATCH(J2,A2:A8,0),MATCH(J3,B1:F1,0))。
- 公式 5：=INDIRECT("R"&MATCH(J2,A:A,0)&"C"&MATCH(J3,1:1,0),0)。

如果查找的结果是数字，还可以使用求和函数代替查找函数来设计公式。

- 公式 6：=SUMPRODUCT((A2:A8=J2)*(B1:F1=J3)*B2:F8)。
- 公式 7：=SUM((A2:A8=J2)*(B1:F1=J3)*B2:F8)。
- 公式 8：=SUMIF(A2:A8,J2,OFFSET(A2,,MATCH(J3,B1:F1,0),7,1))。
- 公式 9：=SUMIF(B1:F1,J3,OFFSET(B1,MATCH(J2,A2:A8,0),,1,5))。
- 公式 10：=SUMIF(A:A,J2,INDIRECT("C"&MATCH(J3,1:1,0),0))。
- 公式 11：=SUMIF(1:1,J3,INDIRECT("R"&MATCH(J2,A:A,0),0))。

从上面列出的几个公式中可以发现什么秘密？

先有函数，才有公式，是利用函数来创建公式，公式也只有在具体表格中才有意义，离开了表格的公式也就失去了生命力，但其隐含的逻辑思路却可以借鉴到其他应用场景中。例如，能否快速输入具有多个判断分支、多个条件的嵌套 IF 函数公式？这里一直在强调逻辑思路的重要性。

1.3.3　数据分析中企业管理的逻辑思路

数据管理有其缜密的逻辑思路，数据分析也有其缜密的逻辑思路。使用工具处理分析数据时，如果能够找出正确的逻辑思路，用一个简单的函数就能完成，并不一定要做一个庞大的数组公式，还要花时间编代码、调试、修改。

数据分析与使用场景有关。很多人对数据分析的认识停留在计算、汇总数据，或者按产品、类别、项目、月份进行合计，这不是分析，仅仅是初级计算而已。

有些人会使用数据透视表分析数据，从不同角度进行组合计算，生成一张张报表，然后得到每个产品的销售额是多少，每个月是多少，每个客户是多少等。这也不是数据分析，而是汇总。

站在不同角度，处在不同场景，认识数据、了解数据、体验数据，会得到不同的结论、不同的结果。

数据分析最终要为经营提供决策依据。数据分析的目的不仅仅是收集数据、计算数据，更是如何从数据中发现潜在问题，哪怕是蛛丝马迹的问题。

下面看一个分析报告。12 月份销售额远远高于 10 月份，但 12 月份的毛利却略高于 10 月份，这是因为 12 月份做了很有力度的促销，单从这种数字差异还看不出什么。再看产品的销售分布以及产品去库存情况，发现促销力度最大的是一些库龄高于 4～7 个月的产品，这就是数据分析。

数据分析也不仅仅是从数据中寻找已经存在的或者即将出现的问题，而是需要重点分析这些问题的原因及严重程度：发生在什么时间？发生在什么地方？严重程度如何？未来可能会朝什么方向发展？可控程度如何？更重要的是，当面对这些问题时如何解决或者预防。这就是决策，也是数据分析的最终目标。

数据分析是各种工具的综合应用，但工具总归是工具而已，更重要的是善于发现问题、分析问题，这不仅要求熟练运用各种工具，还要有数据分析的逻辑思路，更要了解业务。

1.4 构建数据自动化管理和分析模板

想要实现真正的高效，必须建立一键刷新的数据自动化管理和数据分析模板，而不是手工收集数据。

首先要规范基础表单，每个岗位、每个节点的表单各居其位、各司其职，既互不干扰，又相互关联。

根据实际需要，把常用的、固定格式的报表做成自动化的，不管是使用函数公式、VBA 还是使用 Power Query，遵循的原则就是：简单高效！函数能解决的，不需要使用 VBA；VBA 能解决的，不需要使用 Python；Power Query 能解决的，不需要再写 VBA 代码。

1.4.1 设计数据自动化管理模板

所谓数据自动化管理模板，不是在单元格中手工输入数据，更不是每个表单彼此独立存在，而是数据的采集和维护自动化，表单之间的数据流动自动化，避免手工操作引起的数据混乱、错误，甚至数据卡顿和丢失。

对于一些小型的数据表单，如员工花名册、考勤表，使用 Excel 函数公式就可以了。对于一些典型的表单系统，如销售管理表单、BOM 计算表单、生产管理表单，最好使用 VBA，因为此时的数据管理不仅要求准确地进行数据采集和保存，还要求数据能够快速准确地传递，快速响应各环节和各节点的需求。

1.4.2 设计数据自动化分析模板

如果每月都做一次相同步骤的操作，做相同格式的分析报告，不同的仅仅是数据变化而已，此时就需要从这样烦琐的重复劳动中解脱出来，建立一键刷新的数据自动化分析模板。

例如，现在有保存在文件夹中的数个工作簿，用于存储每月的销售月报，每个工作簿中又有数十个工作表，用于存储每个门店的月销售数据。

现在的任务是：
- 截至本月，公司各门店的盈亏分布如何？多少家亏损，多少家盈利？
- 在过去的几个月里，重点门店的盈亏情况是如何变化的？
- 盈利和亏损的原因是什么？

数据量大且分散在各工作簿中，同时工作簿还会增加，分析的维度也不少，此时，必须想办法建立一键刷新的数据自动化分析模板。针对这个案例，使用 Power Query 和 Power Pivot 就可以解决。

在建立数据自动化分析模板时，要用到的技能并不多。但是，设计数据自动化分析模板同样需要缜密的逻辑思路，然后把这些任务通过工具变为可见。

例如，一个很重要的客户，要求将目前的信用期限从 10 天延长至 20 天，并要求提供最优惠的 8.5 折的折扣，如果能满足要求，可以增加 20% 的采购量。作为销售经理，他要考虑的问题是能够扩大销售、获得更多的提成，他会斟酌后答应客户的要求。但从财务的角度分析，客户的这个要求能得到满足吗？如果答应了这样的条件，会不会在未来的某个月出现资金短缺？如果出现了资金短缺，是否要提前筹资？既然要筹资，是否会产生更多的资金成本，导致提高了产品的销售成本？这些问题需要财务部仔细考虑和测算，那么，怎么测算？如何根据现有的几个表格数据建立一个能够调节各主要销售指标的动态模板？

再如，材料成本是产品成本中占比最大的成分，如何降低采购成本是采购部和财务部需要一起考虑的问题。作为财务部，能否给采购部提供一套模板能够随时测算产品成本，在保证产品毛利的情况下能够获得更多与供应商谈判的筹码？

第 2 章

快速整理加工财务数据

无论是从系统中导出的数据还是手工设计的表单,无论是表格结构还是表格数据,都存在这样或那样的问题。使用这些数据之前,必须先对其进行整理加工。

财务数据的整理加工涉及方方面面,也会用到很多实用技能和技巧。下面对财务数据整理加工中的常见问题及其解决方法进行介绍。

2.1 将二维表转换为一维表

二维表是典型的 Word 思路的表格，这种表就是把某个字段下的项目分成几列显示，这对于数据分析是不方便的，尤其是无法使用数据透视表进行灵活的多维度分析，需要将二维表转换为一维表。

将二维表转换为一维表有很多种方法，其中较实用的是：①多重合并计算数据区域透视表；②使用 Power Query 工具。

2.1.1 数据透视表方法：一个表格

案例 2-1　将二维表转换为一维表（一）

图 2-1 所示是一个二维表，保存了每种产品在各地区的销售数据。地区本来应该是一个字段，保存在一列，各地区是该字段下的项目，而该表格中是按照地区名称分别保存为 7 列。现在要将该二维表变为只有产品、地区和销售三列的一维表，如图 2-2 所示。

图 2-1　原始二维表　　　　图 2-2　图标一维表

制作这个一维表的详细步骤如下。

步骤1 在某个工作表中，按 Alt+D+P 组合键（有时候需要按两下 P 键），打开"数据透视表和数据透视图向导 - 步骤 1（共 3 步）"对话框，选中"多重合并计算数据区域"单选按钮，如图 2-3 所示。

步骤2 单击"下一步"按钮，打开"数据透视表和数据透视图向导 - 步骤 2a（共 3 步）"对话框，保持默认的选项设置，如图 2-4 所示。

步骤3 单击"下一步"按钮，打开"数据透视表和数据透视图向导 - 第 2b 步，共 3 步"对话框，单击"选定区域"文本框右侧的按钮，用鼠标选择数据区域，然后单击"添加"按钮，将数据区域添加进文本框，如图 2-5 所示。

图 2-3 选中"多重合并计算数据区域"单选按钮

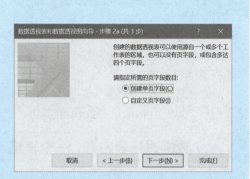

图 2-4 保持默认的选项设置

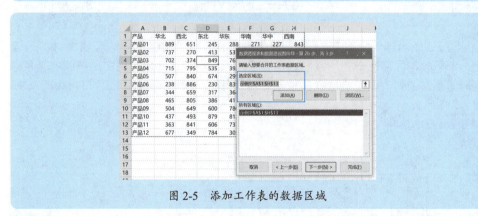

图 2-5 添加工作表的数据区域

步骤4 单击"下一步"按钮,打开"数据透视表和数据透视图向导 - 步骤 3(共 3 步)"对话框,选中"新工作表"单选按钮,如图 2-6 所示。

图 2-6 选中"新工作表"单选按钮

步骤5 单击"完成"按钮,就可以得到基本的透视表,如图 2-7 所示。

步骤6 双击数据透视表右下角的总计单元格(本例中是 47776 数字单元格),得到一个新的工作表,将数据表转换成如图 2-8 所示的一维表。

步骤7 单击"设计"选项卡"新建表格样式"组中的"清除"按钮,如图 2-9 所示,将表格样式清除。

图 2-7　基本的透视表　　　　　图 2-8　自动生成的一维表

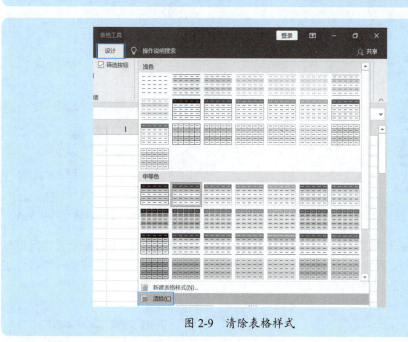

图 2-9　清除表格样式

步骤8 单击"设计"选项卡"工具"组中的"转换为区域"按钮,如图 2-10 所示,将表格转换为普通区域。

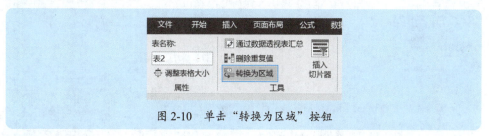

图 2-10　单击"转换为区域"按钮

步骤9 最后删除 D 列"页 1",修改其他三列的名称分别为"产品""地区""销售",就得到了需要的一维表,如图 2-2 所示。

2.1.2 数据透视表方法：一个表格（准二维表）

案例 2-2　将二维表转换为一维表（二）

2.1.1 小节中介绍的二维表是最常见的，转换也很方便。下面的案例中是一个准二维表，有两列文本，如图 2-11 所示。

严格来说，这不是一个真正意义上的二维表，因为有两列文本，但是从 C 列开始是各地区的数据，这些地区实质上应归属于字段"地区"。因此，为了便于分析数据，需要将这个表格转换为一个有 4 列数据的一维表，如图 2-12 所示。

图 2-11　有两列文本的二维表　　　　图 2-12　需要转换成的一维表

多重合并计算数据区域透视表只适合一列文本的情况。如果对这个数据区域制作数据透视表，就会得到如图 2-13 所示的结果，双击合计单元格获取的一维表也是错误的，如图 2-14 所示。

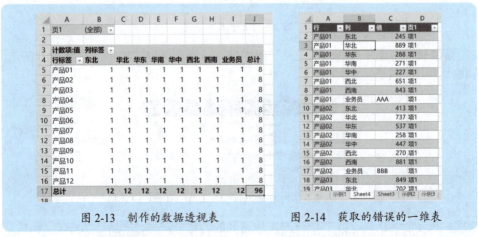

图 2-13　制作的数据透视表　　　　图 2-14　获取的错误的一维表

解决这个问题最简便的方法是使用 Power Query 工具，这将在后面章节详细介绍。如果不能使用 Power Query，则可以对数据进行变通处理，再使用数据透视表来解决，详细步骤如下。

步骤1 在"业务员"列后面插入一列"辅助列"，将"产品"和"业务员"连接合并成一列，连接合并的公式为"=A2&"–"&B2"，如图 2-15 所示。

图 2-15　设计"辅助列"

步骤2 使用包含"辅助列"在内的后面的数据区域，制作多重合并计算数据区域透视表，如图 2-16 所示。

图 2-16　制作多重合并计算数据区域透视表

步骤3 制作的数据透视表如图 2-17 所示。双击右下角的总计单元格（即 47776 数字单元格），得到一个一维明细表，如图 2-18 所示。

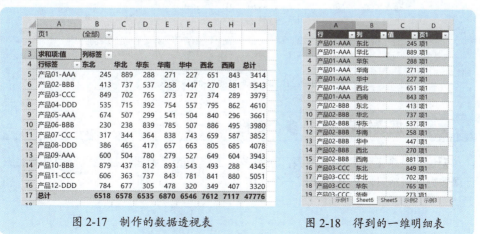

图 2-17　制作的数据透视表　　　　图 2-18　得到的一维明细表

步骤4 在A列和B列之间插入一列，如图2-19所示。选择A列，按照分隔符进行分列（分隔符就是短横线“-”），就得到了如图2-20所示的表格。

	A	B	C	D	E
1	行	列1		值	页1
2	产品01-AAA		东北	245	项1
3	产品01-AAA		华北	889	项1
4	产品01-AAA		华东	288	项1
5	产品01-AAA		华南	271	项1
6	产品01-AAA		华中	227	项1
7	产品01-AAA		西北	651	项1
8	产品01-AAA		西南	843	项1
9	产品02-BBB		东北	413	项1
10	产品02-BBB		华北	737	项1
11	产品02-BBB		华东	537	项1
12	产品02-BBB		华南	258	项1
13	产品02-BBB		华中	447	项1
14	产品02-BBB		西北	270	项1
15	产品02-BBB		西南	881	项1
16	产品03-CCC		东北	849	项1
17	产品03-CCC		华北	702	项1
18	产品03-CCC		华东	765	项1
19	产品03-CCC		华南	273	项1

示例1 | Sheet6 | Sheet5 | 示例2 | 示例3

图 2-19 插入一列

	A	B	C	D	E
1	行	列1	列	值	页1
2	产品01	AAA	东北	245	项1
3	产品01	AAA	华北	889	项1
4	产品01	AAA	华东	288	项1
5	产品01	AAA	华南	271	项1
6	产品01	AAA	华中	227	项1
7	产品01	AAA	西北	651	项1
8	产品01	AAA	西南	843	项1
9	产品02	BBB	东北	413	项1
10	产品02	BBB	华北	737	项1
11	产品02	BBB	华东	537	项1
12	产品02	BBB	华南	258	项1
13	产品02	BBB	华中	447	项1
14	产品02	BBB	西北	270	项1
15	产品02	BBB	西南	881	项1
16	产品03	CCC	东北	849	项1
17	产品03	CCC	华北	702	项1
18	产品03	CCC	华东	765	项1
19	产品03	CCC	华南	273	项1

示例1 | Sheet6 | Sheet5 | 示例2 | 示例3

图 2-20 对原始列 A 进行分列

步骤5 对表格进行格式处理，将其转换为普通表格。

思考

如图2-21所示，如果数据表是有合并单元格的情形，该如何进行整理呢？

这样的表格整理起来并不难，首先取消合并单元格并填充，然后设计辅助列，再采用前面介绍的方法进行处理，详细的操作步骤请观看视频。

	A	B	C	D	E	F	G	H	I
1	业务员	产品	华北	西北	东北	华东	华南	华中	西南
2	AAA	产品01	889	651	245	288	271	227	843
3		产品05	507	840	674	299	541	504	296
4		产品09	504	649	600	780	279	527	604
5	BBB	产品02	737	270	413	537	258	447	881
6		产品06	238	886	230	839	785	507	495
7		产品10	437	493	879	812	893	543	288
8	CCC	产品03	702	374	849	765	273	727	289
9		产品07	344	659	317	364	838	743	587
10		产品11	363	841	606	737	843	781	880
11	DDD	产品04	715	795	535	392	754	557	862
12		产品08	465	805	386	417	657	663	685
13		产品12	677	349	784	305	478	320	407
14									

图 2-21 有合并单元格的二维表

2.1.3 数据透视表方法：多个表格

无论是一个工作表的二维表，还是多个工作表的二维表，都可以使用多重合并计算数据区域将其汇总并转换成一个一维表。

案例 2-3　将多个二维表合并转换为一个一维表

图 2-22 ～图 2-24 是 3 个部门的每月费用表，分别保存在 3 个工作表中，现在要求将这 3 个工作表中的数据汇总整理成一个有 4 列数据的一维表，如图 2-25 所示。

费用	1月	2月	3月	4月	5月	6月	7月	8月	9月	10月	11月	12月
工资	104,585	103,219	105,319	102,856	93,577	98,072	134,548	136,841	135,409	202,723	206,113	1,423,261
公积金	15,678	15,300	15,676	15,070	12,868	12,172	13,542	15,091	14,240	13,827	14,733	158,196
办公费	1,212	4,567	14,132	4,201	2,353	14,802	10,002	41,261	9,309	74,630	8,866	185,335
餐饮费	2,190	3,755	3,544	1,866	3,866	7,139	6,676	4,677	35,816	19,697	6,591	95,817
差旅费	742	2,431	2,063	2,446	1,084	931	1,624	1,633	1,784	2,402	1,217	18,356
电费	1,556	2,107	1,431	742	1,563	2,522	1,733	1,807	2,152	8,686	742	25,040
业务招待费	1,501	2,606	742	1,281	742	2,730	1,331	1,331	3,000	13,434	954	29,651
折旧费	684	685	684	685	684	685	684	684	749	419	419	7,063

财务部　人事部　销售部

图 2-22　财务部每月费用表

费用	1月	2月	3月	4月	5月	6月	7月	8月	9月	10月	11月	12月
工资	146,272	144,362	147,299	143,854	130,876	137,163	188,178	191,385	189,383	283,528	288,269	1,990,568
公积金	21,927	21,399	21,924	21,077	17,997	17,024	18,940	21,106	19,916	19,338	20,606	221,252
办公费	1,695	6,387	19,765	5,876	3,291	20,702	13,989	57,707	13,020	104,377	12,400	259,209
餐饮费	3,063	5,252	4,957	2,610	5,407	9,985	9,337	6,541	50,092	27,548	9,218	134,009
差旅费	1,038	3,400	2,885	3,421	1,516	1,302	2,271	2,284	2,495	3,359	1,702	25,673
电费	2,176	2,947	2,001	1,038	2,186	3,527	2,424	2,527	3,010	12,148	1,038	35,021
折旧费	957	958	957	958	957	958	957	957	1,048	586	586	9,878

财务部　人事部　销售部

图 2-23　人事部每月费用表

费用	1月	2月	3月	4月	5月	6月	7月	8月	9月	10月	11月	12月
工资	321,723	317,521	323,981	316,404	287,860	301,688	413,895	420,948	416,543	623,614	634,042	4,378,215
公积金	48,228	47,066	48,222	46,358	39,584	37,443	41,658	46,423	43,805	42,534	45,321	486,640
办公费	3,728	14,049	43,473	12,923	7,238	45,534	30,768	126,926	28,636	229,576	27,273	570,125
餐饮费	6,737	11,551	10,902	5,740	11,893	21,961	20,537	14,387	110,177	60,592	20,275	294,751
差旅费	2,283	7,478	6,346	7,524	3,335	2,864	4,996	5,023	5,488	7,389	3,744	56,466
业务招待费	4,617	8,017	2,283	3,941	2,283	8,398	4,094	4,094	9,229	41,325	2,935	91,212
折旧费	2,104	2,107	2,104	2,107	2,104	2,107	2,104	2,104	2,304	1,289	1,289	21,727

财务部　人事部　销售部

图 2-24　销售部每月费用表

部门	费用	月份	金额
财务部	工资	1月	104585
财务部	工资	2月	103219
财务部	工资	3月	105319
财务部	工资	4月	102856
财务部	工资	5月	93577
财务部	工资	6月	98072
财务部	工资	7月	134548
人事部	折旧费	5月	956.64
人事部	折旧费	6月	958.0386
人事部	折旧费	7月	956.64
人事部	折旧费	8月	956.64
人事部	折旧费	9月	1047.549
人事部	折旧费	10月	586.0119
人事部	折旧费	11月	586.0119
人事部	折旧费	12月	9878.287
销售部	工资	1月	321722.9
销售部	工资	2月	317520.8
销售部	工资	3月	323980.8
销售部	工资	4月	316404.1

一维表　财务部　人事部　销售部

图 2-25　要求的一维表

这个一维表的制作很简单，首先制作 3 个表格的多重合并计算数据区域透视表，如图 2-26 和图 2-27 所示。

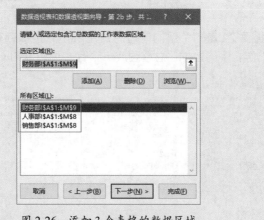

图 2-26　添加 3 个表格的数据区域

图 2-27　制作的 3 个表格的数据透视表

双击图 2-27 的数据透视表右下角的总计单元格，得到如图 2-28 所示的一维表。

图 2-28　得到的一维表

采用前面介绍的方法清除表格的样式，将表格转换为区域，修改列标题，如图 2-29 所示。将表格"部门"列中的"项 1"替换为"财务部"，"项 2"替换为"人事部"，"项 3"替换为"销售部"，得到如图 2-30 所示的结果。

图 2-29　格式化后的表格　　图 2-30　替换默认项名称为具体的部门名称

最后，将 D 列的部门数据调整到第一列，就得到了需要的一维表的结果。

2.1.4　Power Query 方法：一个表格

如果使用的是 Excel 2016 以上的版本，可以使用 Power Query 工具进行转换，这种方法更方便、更灵活，不仅适用于单列的二维表，也适用于多列的二维表。

案例 2-4　Power Query 方法：一个表格

图 2-31 显示的是一个有两列文本（产品和业务员）的二维表，现在要将其转换为有 4 列数据的一维表，如图 2-32 所示。

图 2-31　有两列文本的二维表　　图 2-32　转换后的一维表

要进行这种转换，使用 Power Query 是最简单的，详细的操作步骤如下。

步骤1 单击数据区域内任一单元格。

步骤2 选择"数据"→"获取和转换"→"从表格"命令，如图 2-33 所示。

图 2-33 "从表格"命令

步骤3 打开"创建表"对话框，选择数据区域，并勾选"表包含标题"复选框，如图 2-34 所示。

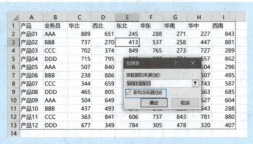

图 2-34 选择数据区域

说明：

默认情况下，打开"创建表"对话框时会自动选择整个数据区域，因此不需要手工选择。

步骤4 单击"确定"按钮，即可打开 Power Query 编辑器，如图 2-35 所示。

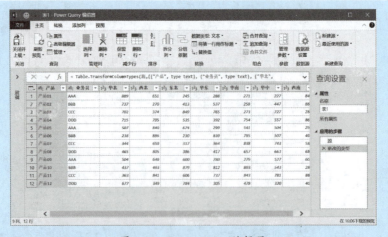

图 2-35 Power Query 编辑器

步骤5 选择前两列"产品"和"业务员",右击列标题,在弹出的快捷菜单中选择"逆透视其他列"命令,如图2-36所示。

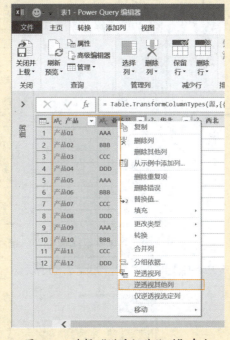

图2-36 选择"逆透视其他列"命令

这样就得到了如图2-37所示的结果,即将各列地区的数据合并到一列中,得到一个一维表。

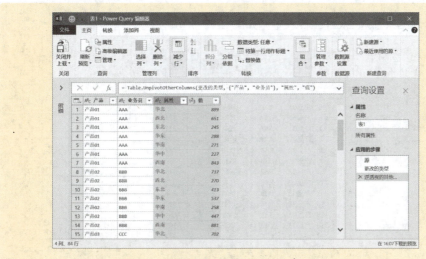

图2-37 转换后的一维表

步骤6 将两列默认的列标题"属性"和"值"重命名为"地区"和"销售",如图2-38所示。

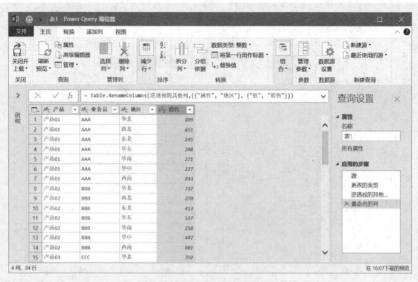

图 2-38　重命名列标题

步骤7 选择"主页"→"关闭并上载"命令，如图 2-39 所示。

图 2-39　选择"关闭并上载"命令

将整理结果导入 Excel 工作表中，如图 2-40 所示。

图 2-40　整理好的一维表

最后采用前面介绍的方法清除表格样式，将表格转换为区域，得到普通表格，如图 2-32 所示。

2.1.5 Power Query 方法：多个表格

不论是一个二维表还是多个二维表，使用 Power Query 同样可以快速对其进行合并与转换。下面结合具体案例，说明使用 Power Query 合并与转换的具体方法和步骤。

案例 2-5　Power Query 方法：多个表格

图 2-41 所示是 4 个二维数据表，保存了每个季度的每种产品、每个业务员、各地区的销售数据，现在要将它们合并起来，并转换为一维表，结果如图 2-42 所示。

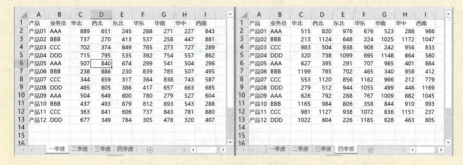

图 2-41　4 个二维数据表

	A	B	C	D	E
1	季度	产品	业务员	地区	销售
2	一季度	产品01	AAA	华北	889
3	一季度	产品01	AAA	西北	651
4	一季度	产品01	AAA	东北	245
5	一季度	产品01	AAA	华东	288
6	一季度	产品01	AAA	华南	271
7	一季度	产品01	AAA	华中	227
8	一季度	产品01	AAA	西南	843
9	一季度	产品02	BBB	华北	737
10	一季度	产品02	BBB	西北	270
11	一季度	产品02	BBB	东北	413
12	一季度	产品02	BBB	华东	537
13	一季度	产品02	BBB	华南	258
14	一季度	产品02	BBB	华中	447
15	一季度	产品02	BBB	西南	881
16	一季度	产品03	CCC	华北	702
17	一季度	产品03	CCC	西北	374
18	一季度	产品03	CCC	东北	849
19	一季度	产品03	CCC	华东	765

图 2-42　转换后的一维表

利用 Power Query 进行这种合并转换很简单，详细的操作步骤如下。

步骤1 选择"数据"→"新建查询"→"从文件"→"从工作簿"命令，如图 2-43 所示。

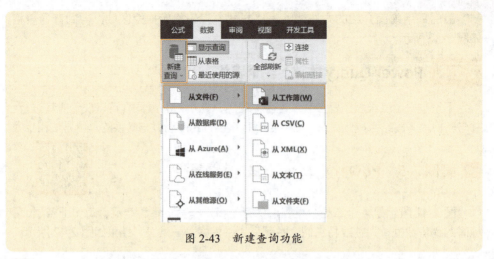

图 2-43 新建查询功能

步骤2 打开"导入数据"对话框,从文件夹中选择该案例的工作簿,如图 2-44 所示。

图 2-44 选择工作簿

步骤3 打开"导航器"对话框,在左侧选择顶部的工作簿名称,如图 2-45 所示。

图 2-45 选择顶部的工作簿名称

步骤4 单击右下角的"转换数据"按钮,打开 Power Query 编辑器,如图 2-46 所示。

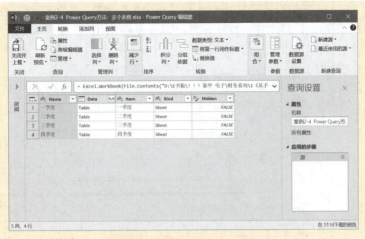

图 2-46　Power Query 编辑器

步骤5 选中最后三列数据并右击，在弹出的快捷菜单中选择"删除列"命令，如图 2-47 所示，得到如图 2-48 所示的结果。

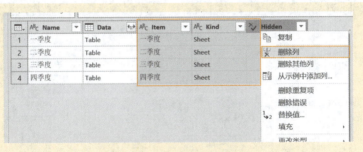

图 2-47　删除最后三列数据

图 2-48　删除不需要的三列数据后的表格

步骤6 单击 Data 列右侧的展开按钮，展开一个筛选窗格，取消勾选"使用原始列名作为前缀"复选框，其他保持默认设置，如图 2-49 所示。

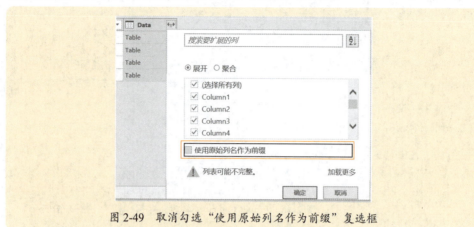

图 2-49 取消勾选"使用原始列名作为前缀"复选框

这样就将各工作表数据展开合并到一个表格中，如图 2-50 所示。

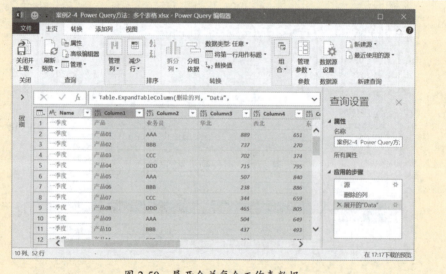

图 2-50 展开合并每个工作表数据

说明：

这是使用 Power Query 合并工作簿中多个工作表的基本方法，这种合并是将每个工作表中的全部数据（包括第一行的标题）堆积在一起，因此合并表中有数个标题。

步骤7 选择"主页"→"转换"→"将第一行用作标题"命令，如图 2-51 所示，将第一个工作表中的标题作为合并表的标题使用，得到如图 2-52 所示的表格。

图 2-51 "将第一行用作标题"命令

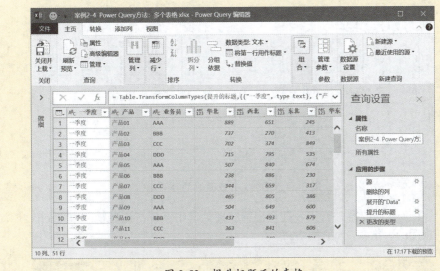

图 2-52 提升标题后的表格

前面说过，这种合并是将每个工作表中包括第一行标题在内的全部数据堆积在一起，导致合并表中有数个标题，现在已经将第一个表的标题作为合并表的标题，还有其他表的标题存在，需要将这些原始表的列标题筛选掉。

步骤8 在某个方便筛选的列中进行筛选，如图 2-53 所示。

图 2-53 筛选原始表多余的列标题

这样就得到了一个真正的合并表，如图 2-54 所示。

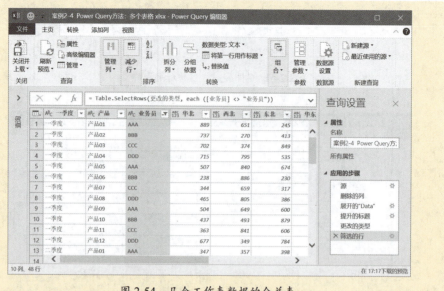

图 2-54　几个工作表数据的合并表

步骤9　选中前三列数据并右击，在弹出的快捷菜单中选择"逆透视的其他列"命令，得到转换后的一维表，如图 2-55 所示。

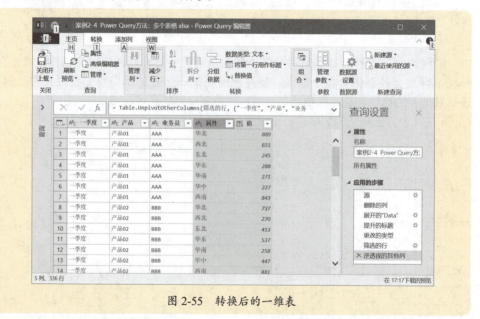

图 2-55　转换后的一维表

步骤10　将默认的列标题"一季度""属性""值"分别重命名为"季度""地区""销售"，如图 2-56 所示。

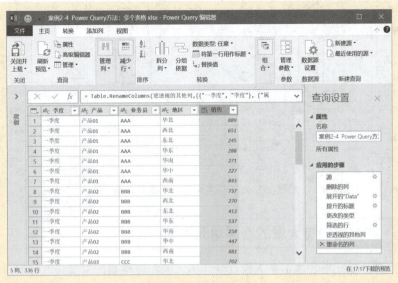

图 2-56 重命名列标题

步骤11 将合并表导入 Excel 工作表中，就得到需要的一维表了，如图 2-42 所示。

2.2 处理合并单元格

虽然在合并单元格中无法正常使用公式和函数，无法使用数据透视表分析数据，更无法使用更加高效的 Power Query 构建数据模型，但是以下两种场合中需要用到合并单元格：①有合并单元格的多行标题；②列数据中有大量的合并单元格。

2.2.1 有合并单元格的多行标题

虽然数据内部有合并单元格不会影响分析数据，但是有合并单元格的多行标题意味着 Excel 不知道哪个标题是真的，导致无法使用数据透视表正确地分析数据。

图 2-57 中就是一个典型的有合并单元格的多行标题的表格，这种表格必须彻底摈弃，重新设计表单结构，让数据归码整齐，便于进行统计分析。

序号	部门	职务	姓名	性别	工号	进公司时间		出生年月日	籍贯	学历情况			
						年	月 日			学历	毕业时间	毕业学校	所学专业
1	公司总部	总经理	王嘉木	男	100001	2008	8 1	660805	北京市	硕士	2008年6月	中欧国际工商学院	工商管理
2	公司总部	党委副书记	丛赫敏	女	100002	2004	7 1	570103	北京市	大专	1996年12月	中共中央党校函授学院	行政管理
3	公司总部	副总经理	白丽玲	女	100003	2004	1 1	630519	广州番禺	本科	1984年7月	南京工学院土木工程系	道路工程
4	公司总部	总助理	蔡晓宇	男	110001	2007	4 17	720424	湖北荆州	本科	2006年6月	工程兵指挥学院	经济管理
5	公司总部	业务主管	孟欣然	男	110003	2004	10 1	780119	江苏南京	本科	2005年4月	中共中央党校函授学院	经济管理
6	公司总部	科员	毛利民	女	110004	2005	8 1	820812	江苏无锡	本科	2005年9月	苏州大学文正学院	新闻学
7	公司总部	科员	马一晨	女	110005	2006	7 10	831227	江苏苏州	本科	2006年6月	苏州大学文正学院	汉语言文学
8	公司总部	科员	王浩忌	女	110006	2007	5 1	730212	北京市	本科	1998年12月	中共中央党校函授学院	广播电视编导
9	公司总部	科员	刘晓晨	女	110007	2008	8 26	850522	上海市	本科	2008年7月	江苏教育学院	广播电视编导
10	公司总部	办事员	刘颖华	女	110008	2004	10 28	631204	上海市	本科	2007年12月	中共中央党校函授学院	法律

图 2-57 有合并单元格的多行标题的表格

这种结构的表格是 Word 思路的结晶，不是 Excel 思路的产物。

正确的表格结构应该如图 2-58 所示：标题就是一行，别无其他。合并标题处理起来比较麻烦，只能手工一个个地处理。

图 2-58　标题布局正确的表格结构

2.2.2　列数据中有大量的合并单元格

这种合并单元格也是很多人喜欢制作的，因为表格看起来清楚、好看，但是这样的合并单元格意味着数据的缺失，存在空单元格。

案例 2-6　处理合并单元格

图 2-59 所示是一个典型的例子，各部门名称被保存在大小不一的合并单元格中。这样的表格该如何进行数据分析？要按部门汇总吗？因此，必须先把 A 列 "部门" 的合并单元格取消，并填充部门名称，做成一个规范的表格，详细的操作步骤如下。

图 2-59　有合并单元格的表格

步骤1 选择 A 列区域，选择 "开始" → "对齐方式" → "合并后居中" 命令，取消合并单元格，如图 2-60 所示。

图 2-60 取消合并单元格

> **步骤2** 按 F5 键或者 Ctrl+G 组合键,打开"定位"对话框,单击左下角的"定位条件"按钮,打开"定位条件"对话框,选中"空值"单选按钮,如图 2-61 所示,即可一次性选中所有的空单元格,如图 2-62 所示。

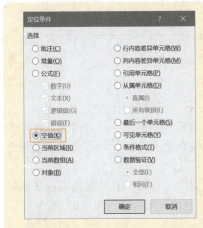

图 2-61 选中"空值"单选按钮　　图 2-62 选中所有的空单元格

> **步骤3** 在当前活动单元格中输入公式"=A2",如图 2-63 所示。这里要注意,因为要将上面单元格中的数据往下填充,所以公式要引用上面相邻的单元格。

图 2-63 输入公式"=A2"

步骤4 按 Ctrl+Enter 组合键，即可在所有的空单元格中输入引用公式，完成空单元格的填充，如图 2-64 所示。

	A	B	C	D	E	F	G
1	部门	姓名	住房公积金	养老保险	医疗保险	失业保险	社保合计
2	办公室	郝般蕊	588.90	268.80	67.20	33.60	369.60
3	办公室	纪天雨	459.60	205.60	51.40	25.70	282.70
4	办公室	李雅岑	424.60	176.80	44.20	22.10	243.10
5	人事部	王嘉木	387.00	180.00	45.00	22.50	247.50
6	人事部	丛赫敏	456.10	224.00	56.00	28.00	308.00
7	人事部	白留洋	369.10	161.60	40.40	20.20	222.20
8	人事部	张丽莉	509.50	210.40	52.60	26.30	289.30
9	财务部	祁正人	488.10	185.60	46.40	23.20	255.20
10	财务部	孟欣然	464.10	180.80	45.20	22.60	248.60
11	财务部	毛利民	468.30	183.20	45.80	22.90	251.90
12	财务部	马一晨	588.90	268.80	67.20	33.60	369.60
13	财务部	王浩忌	459.60	205.60	51.40	25.70	282.70
14	财务部	刘晓晨	424.60	176.80	44.20	22.10	243.10
15	技术部	刘一伯	387.00	180.00	45.00	22.50	247.50
16	技术部	刘颂峙	456.10	224.00	56.00	28.00	308.00
17	技术部	刘冀北	369.10	161.60	40.40	20.20	222.20
18	技术部	吴雨平	509.50	210.40	52.60	26.30	289.30
19	技术部	王浩忌	522.40	234.40	58.60	29.30	322.30

图 2-64　填充空单元格

步骤5 选择 A 列，将其中的公式选择性粘贴为数值。

2.3　批量删除空行和空列

使用空行和空列也是一些人喜欢做的事情之一，导致在制作数据透视表时，无法创建透视表并弹出一个警告框，显示数据区域中有隐藏的空列。有时制作出的数据透视表数据不是求和而是计数，原因是数据区域有很多空行，导致必须重新设定计算。

对于基础表单来说，空行和空列尽管不影响使用函数和公式，但会直接影响数据分析工具（如数据透视表）的使用，所以要删除这些无用的空行和空列。

2.3.1　使用常规方法批量删除空行和空列

不论是空行还是空列，删除是很容易的，可以使用很多种方法，其中定位删除是最简单、最容易操作的方法。

案例 2-7　批量删除空行和空列

图 2-65 所示是一个含有大量空行的表格，要求删除这些空行，结果如图 2-66 所示，详细的操作步骤如下。

图 2-65　存在大量空行的表格　　　图 2-66　删除所有空行的表格

步骤1 选择某个关键列（如果这列的某个单元格没有数据，就认为该行是空行，这里选择 A 列）。

步骤2 按 F5 键或 Ctrl+G 组合键，打开"定位"对话框，单击左下角的"定位条件"按钮，打开"定位条件"对话框，选中"空值"单选按钮，定位 A 列的空单元格，如图 2-67 所示。

步骤3 选择"开始"→"单元格"→"删除"→"删除工作表行"命令，如图 2-68 所示，即可将表格中的所有空行删除。

 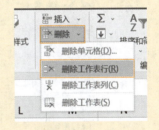

图 2-67　定位 A 列的空单元格　　　图 2-68　选择"删除工作表行"命令

删除空列也是类似的操作：选择某个关键行后定位空单元格，然后选择"开始"→"单元格"→"删除"→"删除工作表列"命令。

2.3.2 使用筛选方法批量删除空行和空列

如果数据量不大，可以使用筛选方法获取没有空行的数据表，主要操作方法是：先建立筛选，然后在某列筛选掉空值，最后选择筛选出的没有空行的数据，复制粘贴到一个新工作表中。这种方法操作起来较为烦琐，不如前面介绍的定位删除方法简单。

2.3.3 数据量大的情况下批量删除空行

在数据量很大的情况下，如果要批量删除所有空行，上述方法就很慢了。此时，最高效的方法是使用 Power Query。

以案例 2-7 的数据表为例，利用 Power Query 快速删除空行的方法和技巧如下。

首先选择"数据"→"获取和转换"→"从表格"命令，打开"创建表"对话框，此时需要手工选择数据区域，并勾选"表包含标题"复选框，如图 2-69 所示。

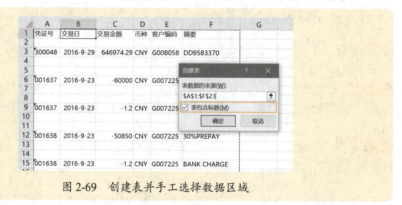

图 2-69 创建表并手工选择数据区域

打开 Power Query 编辑器，然后在某列筛选"(null)"，如图 2-70 所示。

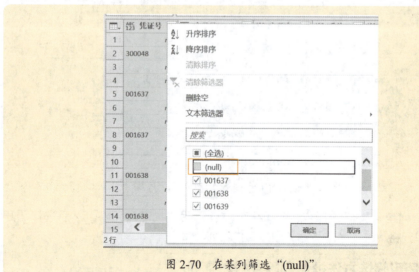

图 2-70 在某列筛选"(null)"

这样就得到了筛除所有空行的表格，如图 2-71 所示。

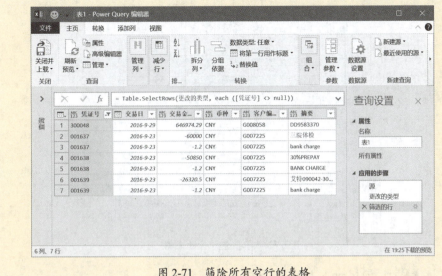

图 2-71 筛除所有空行的表格

最后将数据导入 Excel 工作表中，得到一个没有空行的数据表。

2.4 批量删除小计和总计

很多人喜欢在基础表单中每个大项的底部插入多行或多列的小计，这样的小计其实是没有必要的。

需要强调的是，基础表单保存的是最原始的颗粒化数据，尽量不要增加计算行或计算列，尤其小计行和小计列更是多此一举，因为在制作分析报表时小计行和小计列是可以计算出来的。例如，制作的数据透视表的每个大项下就自动会有小计行。

2.4.1 使用常规方法批量删除小计行

删除小计行的方法有很多种，如筛选删除法、定位删除法等，其中定位删除法的操作最安全，不建议使用筛选删除法，因为筛选可能会对表格结构造成破坏。

案例 2-8 批量删除小计行

如图 2-72 所示的表格，每个部门下都有一个多余的合计行，应该删除，具体的操作步骤如下。

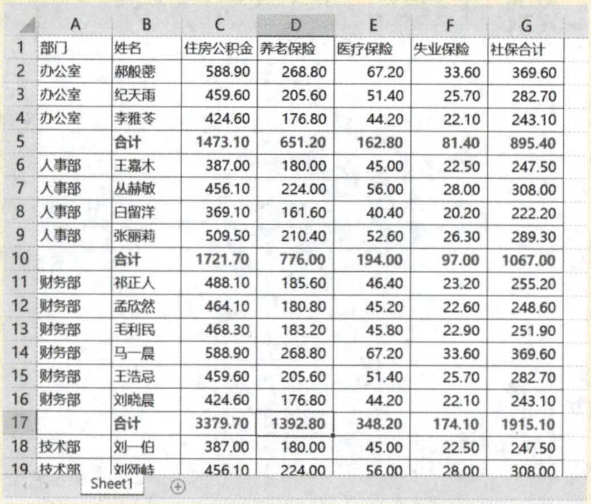

Excel 财务数据处理与分析自动化案例视频精讲

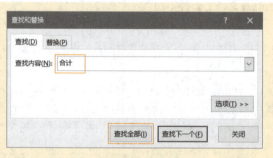

图 2-72　存在合计行的表格

步骤1 选择合计行所在的列（这里是 B 列）。

步骤2 按 Ctrl+F 组合键，打开"查找和替换"对话框，在"查找内容"文本框中输入"合计"，如图 2-73 所示。

图 2-73　在"查找内容"文本框中输入"合计"

步骤3 单击"查找全部"按钮，即可查找出所有的"合计"单元格，如图 2-74 所示。

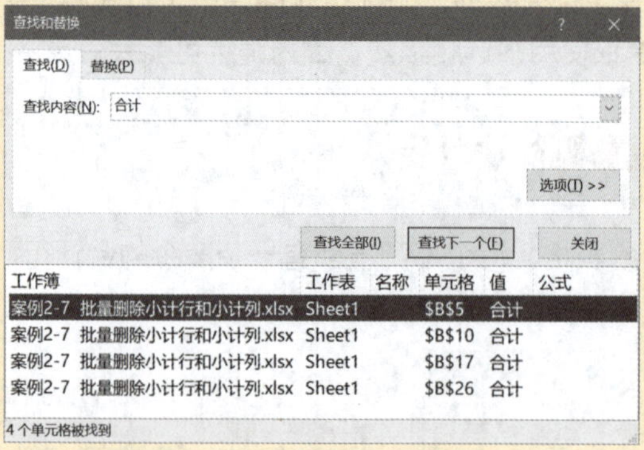

图 2-74　找出所有的"合计"单元格

36

步骤4 在"查找和替换"对话框中按 Ctrl+A 组合键,即可全选查找出来的内容,如图 2-75 所示。

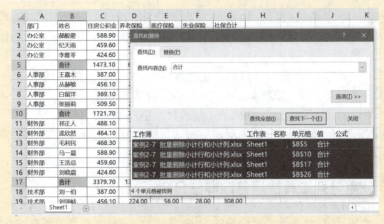

图 2-75 选择所有的"合计"单元格

步骤5 关闭对话框,然后选择"开始"→"单元格"→"删除"→"删除工作表行"命令,如图 2-76 所示,即可将工作表中所有的合计行删除,如图 2-77 所示。

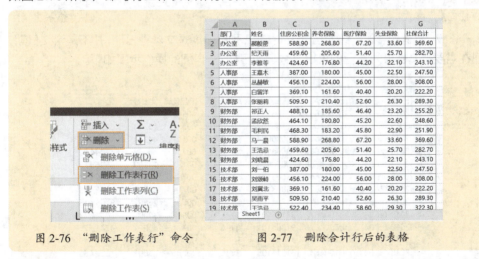

图 2-76 "删除工作表行"命令　　　　图 2-77 删除合计行后的表格

2.4.2 使用筛选方法批量删除小计行

可以使用筛选方法获取没有小计行的数据表,操作也很简单,先建立筛选,然后在有小计的列中筛选掉小计,最后选择筛选出来的没有小计的数据,复制粘贴到一个新工作表中。

如果数据量大,可以通过 Power Query 快速筛选掉小计行,操作方法在前面相关案例中已经介绍过。

2.5 快速修改非法日期

日期是一类特殊的数据，也是非常容易出错的数据。例如，把日期输入成"2021.7.20""20210720"的格式，而这种输入格式完全违背了 Excel 对日期的处理规则。

从本质上来说，日期是从 1 开始的正整数序号。例如，1 表示 1900 年 1 月 1 日；2 表示 1900 年 1 月 2 日；2021 年 7 月 20 日对应数字 44397。

Excel 处理的最小日期是 1900-1-1，最大日期是 9999-12-31。

一般情况下，修改错误日期最高效的方法是使用分列工具。在某些特殊情况下，需要使用函数来解决。

2.5.1 使用分列工具快速修改非法日期

使用分列工具是最简单、最快速的方法，可以瞬间修改某列中所有的非法日期，只保留正确的日期。

案例 2-9　快速修改非法日期

图 2-78 是从管理系统导出的发货单，A 列的日期是文本型日期，并不是合法日期，现在需要将其转换为真正的日期（数值型日期），详细的操作步骤如下。

	A	B	C	D	E	F	G
1	日期	单据编号	客户编码	购货单位	产品代码	实发数量	金额
2	2018-05-01	XOUT004664	37106103	客户A	005	5000	26766.74
3	2018-05-01	XOUT004665	37106103	客户B	005	1520	8137.09
4	2018-05-02	XOUT004666	00000006	客户C	001	44350	196356.73
5	2018-05-04	XOUT004667	53004102	客户D	007	3800	45044.92
6	2018-05-03	XOUT004668	00000006	客户E	001	14900	65968.78
7	2018-05-04	XOUT004669	53005101	客户A	007	5000	59269.64
8	2018-05-04	XOUT004670	55803101	客户F	007	2300	27264.03
9	2018-05-04	XOUT004671	55702102	客户G	007	7680	91038.16
10	2018-05-04	XOUT004672	37106103	客户E	005	3800	20342.73
11	2018-05-04	XOUT004678	91006101	客户A	007	400	4741.57
12	2018-05-04	XOUT004679	37106103	客户H	005	10000	53533.49
13	2018-05-04	XOUT004680	91311105	客户C	007	2000	18037.83
14	2018-05-04	XOUT004681	91709103	客户F	002	2000	11613.18
15	2018-05-04	XOUT004682	37403102	客户C	007	4060	36616.8
16	2018-05-04	XOUT004683	37311105	客户K	007	1140	10281.57

图 2-78　A 列中的文本型日期

步骤1 选中 A 列，选择"数据"→"数据工具"→"分列"命令，打开"文本分列向导"对话框，第 1 步和第 2 步保持默认，在第 3 步中选中"日期"单选按钮，如图 2-79 所示。

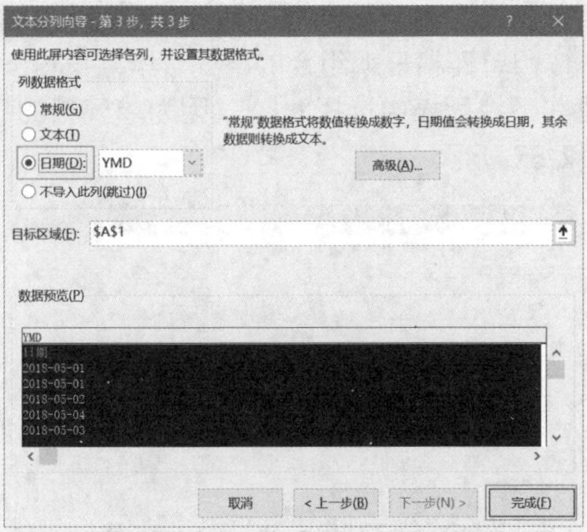

图 2-79　选中"日期"单选按钮

步骤2 单击"完成"按钮，就得到了正确的日期，如图 2-80 所示。

图 2-80　文本分列得到正确的日期

2.5.2　使用分列工具修改非法日期的注意事项

尽管使用分列工具修改非法日期是非常简便的，但需要注意：在分列向导的第 3 步中要选择设置正确的日期组合格式。

如图 2-81 所示的非法日期，除 J 列外，其他各列的非法日期都可以按照前面介绍的方法快速修改。

图 2-81　非法日期示例

修改 J 列的日期需要在文本分列向导的第 3 步中进行设置，在"日期"单选按钮后的下拉列表中按照单元格日期组合的格式（年、月、日三个数字的组合顺序）选择相应选项，这里在下拉列表中选择 MDY，因为单元格的日期数字组合顺序是"月 - 日 - 年"，如图 2-82 所示。

图 2-82 选择日期组合 MDY

此外，分列工具只能用在一列数据中，当有几列非法日期需要修改时，需要分别选择这些列，一列一列地应用分列工具进行转换。

2.5.3 使用函数公式修改非法日期

在某些情况下无法使用分列工具修改非法日期，此时需要借助函数。具体使用哪些函数，需要根据具体情况进行选择。

如图 2-83 所示的示例数据表，将员工的进公司时间分成年、月、日三列数字保存，如果要获得一个完整的进公司时间，必须使用 DATE 函数将表示年、月、日的三个数字组合成正确的日期，公式如下：

=DATE(F3,G3,H3)

DATE 函数很简单，就是把表示年、月、日的三个数字组合成日期。

下面的公式是错误的。

=F3&"-"&G3&"-"&H3

图 2-83 使用 DATE 函数生成正确的日期

在制作数据自动化分析模板时，可能需要直接利用系统导出的原始数据进行计算，而在导出的原始数据中日期是非法日期时，就不能使用分列工具进行转换，此时也必须使用函数公式来处理。

案例 2-10 在计算公式中直接修改非法日期

如图 2-84 所示的示例数据表，左侧 A～C 列是从系统导出的原始数据，A 列日期是非法的（210501 表示 2021 年 5 月 1 日），现在要求利用这三列原始数据制作右侧的统计报表，这里月份名称是月份的英文简称，如 Jan、Feb 等。

图 2-84 左侧是原始数据，右侧是要求的统计报表

既然要求直接使用原始数据制作统计报表，就只能使用函数来处理了。首先将 A 列的日期处理为正确的日期格式，然后将日期转换为月份的英文简称。G4 单元格的计算公式如下：

=SUMPRODUCT((TEXT(TEXT($A$2:$A$15,"00-00-00"),"mmm")=$F4)*1,
($B$2:$B$15=G$3)*1,
$C$2:$C$15)

在这个公式中，表达式 TEXT($A$2:$A$15,"00-00-00") 表示使用 TEXT 函数将非法日期转换为正确的日期格式（尽管这个日期是文本格式，但可以使用函数直接计算），计算结果如图 2-85 所示。

图 2-85 使用公式直接转换日期

2.5.4 输入日期的技巧

在表格中输入当天的日期可以直接按 Ctrl+;（分号）组合键。

如果要在某列输入一个以天为单位的日期序列，只需在第一个单元格

中输入开始日期，然后往下拖动填充柄即可。

如果要在某列输入每月 1 日的日期，则在第一个单元格中输入如 2021-1-1，然后往下拖动填充柄，再单击最后一个单元格右下角的"自动填充选项"按钮，展开一个自动填充选项列表，从中选中"以月填充"单选按钮即可，如图 2-86 和图 2-87 所示。

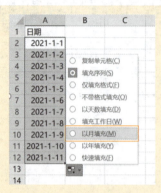

图 2-86　利用自动填充选项快速输入日期序列　　图 2-87　得到的每月 1 日的日期序列

2.5.5　设置日期格式的技巧

日期是正整数，因此可以设置自定义格式，将表格中的日期显示为各种需要的样式，让表格更加容易阅读。

设置日期格式是在"设置单元格格式"对话框中进行的，除了在"分类"列表框中套用一些日期的固定格式外，还可以自定义日期格式，即选择"自定义"选项，然后在"类型"文本框中输入格式代码，如图 2-88 所示，就可以得到指定的格式。

图 2-88　设置日期的自定义格式

在设置日期的自定义格式时,按表 2-1 中的日期格式代码任意组合,可以得到需要的效果。

表 2-1　日期格式代码

原日期	日期格式代码	显示结果
2021-7-9	y 或 yy	21
2021-7-9	yyy 或 yyyy	2021
2021-7-9	m	7
2021-7-9	mm	07
2021-7-9	mmm	Jul
2021-7-9	mmmm	July
2021-7-9	d	9
2021-7-9	dd	09
2021-7-9	ddd	Fri
2021-7-9	dddd	Friday
2021-7-9	aaa	五
2021-7-9	aaaa	星期五
2021-7-9	yyyymmdd	20210709
2021-7-9	yyyy-mm-dd	2021-07-09
2021-7-9	yyyy.mm.dd	2021.07.09
2021-7-9	yyyy 年 m 月	2021 年 7 月
2021-7-9	yyyy 年	2021 年
2021-7-9	yy 年	21 年
2021-7-9	mm 月	07 月
2021-7-9	m 月	7 月

例如,可以使用自定义日期格式的方法设计一个动态表头的考勤表,如图 2-89 所示,详细制作过程请观看本节视频。

图 2-89　动态表头的考勤表

2.6 转换数字格式

在 Excel 中，数字有两种保存方式：纯数字和文本型数字。

数字有时是以文本形式保存的，必须转换为真正的数字才能进行数学及汇总计算。以文本型数字保存的各类编码，不允许进行数学及汇总计算，仅仅是用作分类。

对于数字的两种保存方式，需要针对不同的工作表做不同的处理。当数字作为文本形式保存到工作表中时，如果是手工输入，可以先把单元格格式设置为文本，再输入数字；或者先输入英文单引号"'"，再输入数字。

2.6.1 将数字转换为原位数的文本型数字

某列的数字编码位数相同，但有的是数字，有的是文本，现在需要把整列数据统一转换为文本格式。此时可以使用分列工具，即在文本分列向导的第 3 步中选中"文本"单选按钮，如图 2-90 所示。

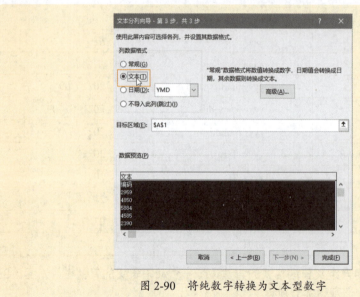

图 2-90 将纯数字转换为文本型数字

需要注意的是，不能使用将单元格格式设置为文本的方法来转换，因为这样仅仅是改变了单元格格式，并没有改变已经输入到单元格中的数字。

2.6.2 将数字转换为固定位数的文本型数字，位数不够就补零

某列的数字编码长度不一，现在需要把这些编码统一为固定位数，位数不够的在前面补 0。此时可以使用 TEXT 函数将图 2-91 中 A 列的数字编码统一为 6 位，在 C2 单元格中输入如下公式。

=TEXT(A2,"000000")

利用 TEXT 函数转换完之后，采用选择性粘贴将转换后的结果复制到源数据的位置，然后删除含转换公式的 C 列。

图 2-91 利用 TEXT 函数统一数字格式

2.6.3 将文本型数字转换为数值的技巧

如果遇到如下问题：表格中用 SUM 函数得到的结果是 0，将系统导出的数据直接做数据透视表时结果都是计数，设置为求和也不行，这就需要仔细检查表格中的数据到底是不是数字了。

在某些系统导出的数据表格中，数字可能并不是数值，而是文本型数字，这样的数字无法使用函数进行求和汇总，需要将文本型数字转换为数值。

将文本型数字转换为数值的方法主要有 5 种，分别是利用智能标记、选择性粘贴、利用分列工具、利用 VALUE 函数、利用公式。

案例 2-11 转换数字格式

下面是将文本型数字转换为数值的 5 种方法的简要描述，详细操作请观看视频。

1. 利用智能标记

利用智能标记将文本型数字转换为数值的方法非常简单，首先选择要进行数据转换的单元格或单元格区域，单击单元格旁边的智能标记，在展开的下拉列表中选择"转换为数字"命令即可，如图 2-92 所示。

图 2-92 利用智能标记将文本型数字转换为数值

利用智能标记的方法非常简单,但是只能用在有智能标记的场合。在有些情况下,并没有出现智能标记,这时就要采用其他方法。

利用智能标记转换的本质是循环选定区域中的每个单元格进行转换,比较耗时间,如果有 20 列 10 万行数据,要转换的单元格就多达 200 万个,使用这种方法可能出现死机的情况,此时可以使用选择性粘贴的方法。

2. 选择性粘贴

这种方法也比较简单,适用性更广,具体的操作步骤如下。

步骤1 在某个空白单元格中输入数字 1。

步骤2 复制这个数字 1 所在的单元格。

步骤3 选择要进行数据转换的单元格或单元格区域。

步骤4 打开"选择性粘贴"对话框,选中"数值"单选按钮,并选中"乘"或者"除"单选按钮,如图 2-93 所示,然后单击"确定"按钮完成设置。

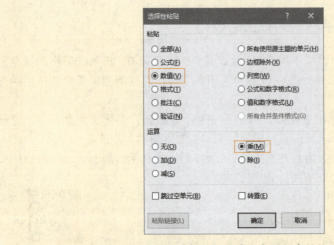

图 2-93 利用选择性粘贴将文本型数字转换为数值

当然,也可以先在空白单元格中输入数字 0,然后就需要在"选择性粘贴"对话框中选中"加"或"减"单选按钮。

3. 利用分列工具

一般情况下,从系统中导出的文本型数字都可以使用分列工具快速转换,具体方法是:选择某列,再选择"数据"→"数据工具"→"分列"命令,打开"文本分列向导 – 第 1 步,共 3 步"对话框,单击"完成"按钮即可。

使用这种方法,每次只能选择一列进行转换(因为分列工具的本意就是把一列分成几列,因此操作时只能选择一列)。如果有几十列文本型数字要进行转换,就需要执行几十次相同的操作,此时还是适合使用选择性粘贴的方法。

4. 利用 VALUE 函数

假设 B2 单元格中是文本型数字,在 C2 单元格中输入公式"=VALUE(B2)",即可将文本型数字转换为数值。

5. 利用公式

Excel 有一个计算规则，在对文本型数字进行加、减、乘、除运算时，就可以将文本型数字转换为数值。因此可以利用这个规则，使用公式对文本型数字进行转换。

假设 B2 单元格中是文本型数字，在 C2 单元格中输入如下公式，即可将文本型数字转换为数值。

= 1*B2	乘以 1
= B2/1	除以 1
= --B2	两个负号，负负得正，相当于乘以 1

2.6.4 容易混淆的概念：单元格和数据

在使用 Excel 时，绝大多数人都会混淆单元格和数据这两个概念。单元格是单元格，数据是数据，两者是截然不同的。单元格是容器，数据是容器中装的东西。

单元格可以设置为各种格式，但不论怎样设置，单元格中的数据永远是不变的。

通过"设置单元格格式"命令对单元格进行的任何设置，都是在改变单元格本身的格式，从而把单元格中的数据显示为不同的形式，但单元格中的数据仍然是原来的数据，并没有发生实质性的改变。也就是说，改动的是单元格，并没有改动单元格中的数据。

如图 2-94 所示的表格，就是通过设置单元格格式，突出显示超预算或预算内的差异和执行率，这里，"差异"列和"完成率"列中的数据都是使用公式计算得到的结果，但显示成带上/下角形标记的效果，这里是使用了自定义数字格式。

产品	1—7月预算	1—7月实际	差异	完成率
产品1	16,546.64	24,653.76	▲8107.12	▲149.00%
产品2	22,591.54	31,446.64	▲8855.10	▲139.20%
产品3	1,314.11	2,996.75	▲1682.64	▲228.04%
产品4	6,139.44	3,261.28	▼2878.16	▼53.12%
产品5	3,888.29	1,265.16	▼2623.14	▼32.54%
合计	50,480.03	63,623.59	▲13143.56	▲126.04%

1—7月销售额预算执行汇总（单位：千元）

图 2-94 设置单元格格式标识数据

2.7 快速删除特殊字符

在有些情况下，从系统导出的表格数据中含有眼睛看不见的特殊字符，这些字符并不是空格，不论利用 TRIM 函数还是 CLEAN 函数，都无法将这些特殊字符去掉，因此影响了对数据的处理和分析。

2.7.1 删除特殊字符的常规处理方法

如果数据量不大，可以在 Excel 中使用常规的查找替换方法处理特殊字符。下面举例说明具体的操作方法和步骤。

案例 2-12 快速删除特殊字符

如图 2-95 所示，原始数据中含有不可见的特殊字符。使用 SUM 函数进行求和时，发现结果是 0。

C16 =SUM(C2:C14)

	A	B	C	D	E
1	业务编号	摘要	金 额		
2	0401212	A0103	4476.32		
3	0401211	A0104	17620		
4	0401210	A0105	4665.6		
5	0401209	A0106	2674.75		
6	0401208	A0107	1600		
7	0401207	A0108	5080		
8	0401206	A0109	8800		
9	0401205	A0110	59411		
10	0401204	A0111	10000		
11	0401203	A0112	10500		
12	0401202	A0113	459.6		
13	0401201	A0114	6517.5		
14	0401200	A0115	9589		
15					
16	合计		0		

图 2-95 原始数据中含有不可见的特殊字符

对于这样的问题，使用两个小技巧即可快速解决，操作步骤如下。

步骤1 只要将单元格字体设置为 Symbol，就可以看到这些特殊字符都显示为“□”，如图 2-96 所示，但是在公式编辑栏中仍然看不到任何符号。

C2 4476.32

	A	B	C	D	E
1	业务编号	摘要	金 额		
2	□□0401212	A0103	□□4476.32□□		
3	□□0401211	A0104	□□17620□□		
4	□□0401210	A0105	□□4665.6□□		
5	□□0401209	A0106	□□2674.75□□		
6	□□0401208	A0107	□□1600□□		
7	□□0401207	A0108	□□5080□□		
8	□□0401206	A0109	□□8800□□		
9	□□0401205	A0110	□□59411□□		
10	□□0401204	A0111	□□10000□□		
11	□□0401203	A0112	□□10500□□		
12	□□0401202	A0113	□□459.6□□		
13	□□0401201	A0114	□□6517.5□□		
14	□□0401200	A0115	□□9589□□		
15					
16	合计		0		
17					

图 2-96 将单元格字体设置为 Symbol，特殊字符显示为“□”

步骤2 从某个单元格中复制一个符号"□",打开"查找和替换"对话框,将这个符号粘贴到"查找内容"文本框中,单击"全部替换"按钮,如图2-97所示。

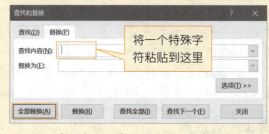

图 2-97 在"查找和替换"对话框中替换特殊字符

步骤3 把单元格字体恢复为原来的字体,即可快速删除表格中的特殊字符。

2.7.2 利用 Power Query 快速处理

让特殊字符现形,通过复制粘贴、查找替换是 2.7.1 小节介绍的处理方法的核心技巧,总的来说还是容易操作的。还可以使用 Power Query 快速处理,避免烦琐的操作步骤。

对于案例 2-12 中的示例数据,选择"数据"→"获取和转换"→"从表格"命令,打开 Power Query 编辑器,就可以看到特殊符号不见了,第 3 列的金额数字变成了真正的数字,如图 2-98 所示。这就是 Power Query 的智能化数据处理,自动清除了前导空格和特殊字符。但是第 1 列的编码被处理为数字,前面的数字 0 消失了,此时,需要再将该列的数据类型设置为文本。

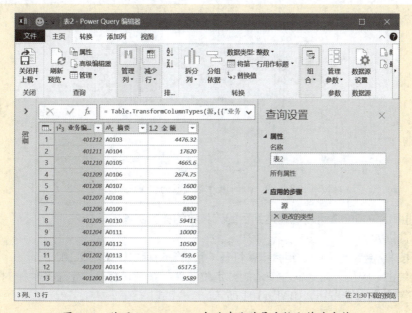

图 2-98 使用 Power Query 自动清除前导空格和特殊字符

2.8 快速填充空单元格

用系统导出的表格数据可能存在大量的空单元格，这些空单元格实际上是有意义的，可能是上一个或下一个单元格的数据。

有时工作表中的大量空单元格没有任何意义，但这些空单元格的存在会影响数据分析汇总的效率，需要向这些空单元格中批量输入 0，使表单数据完整。

因此，如何向空单元格中快速准确地填充数据是财务人员必须掌握的一项技能。

2.8.1 快速填充上一行数据

很多情况下需要把上一行数据向下填充到下方的空单元格中，以保证数据的完整性。

案例 2-13　填充空单元格（向下填充）

在图 2-99 所示的管理费用科目余额表中，"科目名称"列中存在大量的空单元格，这些空单元格中应该是上一行的数据。现在需要对这些空单元格进行填充，如何快速完成呢？

	A	B	C
1	科目名称	部门	本期发生额
2	工资		72,424.62
3		总经办	8,323.24
4		人事行政部	12,327.29
5		财务部	11,362.25
6		采购部	9,960.67
7		生产部	12,660.18
8		信息部	10,864.87
9		贸易部	6,926.12
57		贸易部	1,380.00
58	办公费用		5,749.31
59		总经办	901.81
60		人事行政部	835.09
61		财务部	544.29
62		采购部	1,544.25
63		信息部	1,923.87
64	电话费		3,085.00
65		总经办	988
66		人事行政部	469
67		采购部	390

图 2-99　A 列中存在大量的空单元格

利用定位填充法可以迅速达到目的，具体的操作步骤如下。

步骤1　选择 A 列。

步骤2　按 F5 键或者 Ctrl+G 组合键，打开"定位"对话框，如图 2-100 所示。

步骤3　单击"定位"对话框左下角的"定位条件"按钮，打开"定位条件"对话框，选中"空值"单选按钮，如图 2-101 所示。

图 2-100　单击"定位条件"按钮　　图 2-101　选中"空值"单选按钮

步骤4 单击"确定"按钮，即可将选定区域内所有的空单元格选中，如图 2-102 所示。

步骤5 当前的活动单元格是 A3，在该单元格中输入公式"=A2"（因为要把上面的数据向下填充，所以要引用当前活动单元格的上一行单元格），然后按 Ctrl+Enter 组合键即可得到一个数据完整的工作表，如图 2-103 所示。

图 2-102　选中 A 列中所有的空单元格　　图 2-103　填充空单元格

步骤6 选择 A 列，采用选择性粘贴的方法，将公式转换为数值。

2.8.2　快速填充下一行数据

2.8.1 小节中的案例 2-13 介绍的是把上一行的数据向下填充，在实际工作中也会遇到把下一行的数据向上填充的问题。

案例 2-14　填充空单元格（向上填充）

图 2-104 所示为一个原始数据表格，每个税金占 3 行，科目名称仅仅保存在第 4

行，上面两行没有名称，现在要求把表格整理成完整的数据表单。

这种情况下的数据填充方法与案例 2-13 中相同：先选择 A 列，定位空单元格，在当前活动单元格 A2 中输入公式“=A3”，按 Ctrl+Enter 组合键，即可得到需要的表格，如图 2-105 所示。

	A	B	C	D
1	科目名称	期间	摘要	原币借方
2		11	期初余额	-
3		11	本期合计	7,161.88
4	营业税金及附加	11	本年累计	48,340.10
5		11	期初余额	-
6		11	本期合计	209.41
7	城建税	11	本年累计	1,416.86
8		11	期初余额	-
9		11	本期合计	83.77
10	地方教育费附加	11	本年累计	566.74
11		11	期初余额	-
12		11	本期合计	41.88
13	教育费附加	11	本年累计	850.13
14		11	期初余额	-
15		11	本期合计	2,512.92
16	文化事业建设费	11	本年累计	17,002.26
17		11	期初余额	-
18		11	本期合计	4,188.25
19	营业税	11	本年累计	28,337.09

图 2-104 原始数据表格

	A	B	C	D
1	科目名称	期间	摘要	原币借方
2	营业税金及附加	11	期初余额	-
3	营业税金及附加	11	本期合计	7,161.88
4	营业税金及附加	11	本年累计	48,340.10
5	城建税	11	期初余额	-
6	城建税	11	本期合计	209.41
7	城建税	11	本年累计	1,416.86
8	地方教育费附加	11	期初余额	-
9	地方教育费附加	11	本期合计	83.77
10	地方教育费附加	11	本年累计	566.74
11	教育费附加	11	期初余额	-
12	教育费附加	11	本期合计	41.88
13	教育费附加	11	本年累计	850.13
14	文化事业建设费	11	期初余额	-
15	文化事业建设费	11	本期合计	2,512.92
16	文化事业建设费	11	本年累计	17,002.26
17	营业税	11	期初余额	-
18	营业税	11	本期合计	4,188.25
19	营业税	11	本年累计	28,337.09

图 2-105 填充数据后的表格

思考：

为什么要输入“=A3”，而不是输入“=A4”呢？

2.8.3 快速向空单元格中填充数字 0

如果要向数据区域的空单元格中快速填充数字 0，有两种高效的方法：查找替换法和定位填充法。

案例 2-15 向空单元格中填充数字 0

图 2-106 所示是一个有很多空单元格的表格，现在需要在这些空单元格中输入 0。

	A	B	C	D	E	F	G	H	I	J	K	L	M	
1	人员编号	姓名	应发合计	扣款合计	实发合计	岗位工资	职务岗位津贴	基础津贴	薪级工资	绩效工资	职工考核工资	所得税扣款	公积金扣款	养老
2	007	AA1	3,680.00	590.29	3,089.71	680	315	35	841	149	1,660.00	4.72	278	
3	008	AA2	3,666.00	521.09	3,144.91	680	315	35	506	120	2010	7.63	244	
4	009	AA3	5,000.00	549.04	4,450.96						5,000.00	133.44	200	
5	010	AA4	3,603.00	429.11	3,173.89	590	220	35	302	97	2,359.00	9.15	202	
6	011	AA5	3,433.00	498.01	2,934.99	680	295	35	450	115	1,858.00		237	
7	012	AA6	3,718.00	440.15	3,277.85	590	220	35	324	102	2,447.00	14.62	205	
8	013	AA7	2,908.00	403.94	2,504.06	590	200	35	240	93	1,750.00		195	
9	014	AA8	3,856.00	529.07	3,326.93	680	295	35	506	120	2,220.00	17.21	244	
10	015	AA9	4,000.00	504.43	3,495.57						4,000.00	27.29	260	
11	016	AA10	3,154.00	494.12	2,659.88	615	275	35	563	116	1,550.00		236	
12	017	AA11	3,000.00	449.97	2,550.03						3,000.00		216	
13	018	AA12	3,084.00	412.48	2,671.52	590	220	35	240	93	1,906.00		197	
14	019	AA13	3,251.00	556.66	2,694.34	590	250	35	506	120	1,750.00		303	
15	020	AA14	2,810.00	480.12	2,329.88	590	220	35	222	83	1,660.00		261	
16	021	AA15	4,500.00	510.09	3,989.91						4,500.00	82.21	229	
17	022	AA16	2,966.00	470.12	2,495.88	590	220	35	222		1,899.00		251	
18	023	AA17	3,405.00	476.14	2,928.86	590	220	35	204	86	2,270.00		259	

Sheet1

图 2-106 有很多空单元格的表格

处理这样的问题有两种方法：查找替换法和定位填充法。

（1）查找替换法：打开"查找和替换"对话框，"查找内容"文本框中为空，在"替换为"文本框中输入 0，如图 2-107 所示，单击"全部替换"按钮，即可快速向数据区域的所有空单元格中输入数字 0。

图 2-107　准备向数据区域的所有空单元格中输入数字 0

（2）定位填充法：先定位所有空单元格（"定位条件"对话框），然后通过键盘输入 0，再按 Ctrl+Enter 组合键。

2.9　查找与删除重复数据

在实际工作中，有可能会多次重复录入数据，这些重复数据会对数据分析造成极大的影响，因此需要根据实际情况对这些重复数据进行处理。

有时也需要从一列数据中获取不重复的项目名称，以便快速设计统计报表的结构。

如何快速找出重复数据？如何快速删除重复数据？如何查找两个表格中都有的数据？这些问题看起来很麻烦，其实只要掌握了相关技能就很容易解决。

2.9.1　使用条件格式标注重复值

如果要在一列中把重复数据标注出来，最简单的方法是使用条件格式。下面举例说明。

案例 2-16　使用条件格式标注重复值

使用条件格式的具体方法：选择"开始"→"条件格式"→"突出显示单元格规则"→"重复值"命令，如图 2-108 所示。

打开"重复值"对话框，设置重复数据的标识格式即可，如图 2-109 所示，单击"确定"按钮，即可得到如图 2-110 所示的效果。

图 2-108 查找重复值

图 2-109 设置重复值的格式　　　　图 2-110 标注重复值

2.9.2 使用 COUNTIF 函数统计重复次数

使用条件格式的这种标注效果是模糊的，尤其是在重复数据较多的场合。如果需要了解每个数据的重复次数，以及是第几次重复，则需要使用 COUNTIF 函数。

案例 2-17　使用 COUNTIF 函数统计重复次数

对于如图 2-110 所示的示例数据，要标出每个数据的重复次数，以及是第几次重复，统计公式如下：

单元格 B2： =COUNTIF($A$2:$A$13,A2)
单元格 C2： =COUNTIF($A$2:A2,A2)

注意两个公式的相对引用和绝对引用的设置情况，一个是固定的统计区域，一个是不断扩展的统计区域，结果如图 2-111 所示。

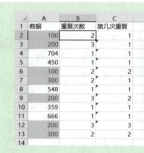

图 2-111　统计每个数据的重复次数以及是第几次重复

2.9.3 删除重复值，保留唯一值

如果要快速删除数据清单中的重复值，保留唯一值，可以使用"删除重复值"命令，如图 2-112 所示。

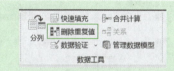

图 2-112　删除数据清单中的重复值

这种删除重复值的方法不仅适用于单列数据的处理，也适用于多列数据的处理。

案例 2-18　删除重复值

如图 2-113 所示，数据表中有几行数据是重复的，将这些重复行删除的具体操作步骤如下。

	A	B	C
1	日期	产品	销售量
2	2021-7-8	产品A	537
3	2021-5-8	产品B	430
4	2021-3-13	产品C	396
5	2021-7-6	产品C	705
6	2021-6-20	产品B	220
7	2021-7-9	产品A	723
8	2021-3-13	产品C	396
9	2021-7-23	产品B	273
10	2021-7-6	产品C	179
11	2021-1-1	产品A	693
12	2021-7-8	产品A	537
13			

图 2-113　有重复数据行的表格

步骤1 选择数据区域。

步骤2 选择"数据"→"删除重复值"命令，打开"删除重复值"对话框，单击"全选"

按钮,如图 2-114 所示。

图 2-114 "删除重复值"对话框

步骤3 单击"确定"按钮,即可弹出一个提示框,提示发现了几个重复值,已经将其删除,保留了几个唯一值,如图 2-115 所示。

图 2-115 删除重复值的提示框

步骤4 单击"确定"按钮,即可得到不含重复值的表格,如图 2-116 所示。

图 2-116 不含重复值的表格

2.9.4 获取不重复项目

"删除重复值"这个技能非常有用,在实际工作中会经常用到。

案例 2-19 获取不重复项目

如图 2-117 所示的工资表,现在要从 C 列中获取部门名称不重复的列表。可以先复制"部门"列的数据,再删除重复值即可。具体操作方法请观看案例视频。

图 2-117 工资表

2.10 数据分列

数据分列就是把一列变为多列，或者从一列中提取出几列信息，这是日常财务数据处理中经常遇到的问题，如把科目编码与科目名称分开，把科目和部门分开等。

依据表格数据的特征，可以使用分列工具进行数据分列，也可以使用函数或者 Power Query 操作。下面结合具体的案例分别进行介绍。

2.10.1 根据符号分列（分列工具）

当要分列的数据之间有明显特征的分隔符时，如空格、逗号、特殊字符等，此时使用分列工具是最简单的。

案例 2-20 数据分列（根据分隔符号）

图 2-118 所示为一个经典的示例表格，所有日期数据保存在一列（A 列）中，日期和起息日之间用空格分开，现在要求把它们分列保存，具体的操作步骤如下。

图 2-118 保存在一列中的日期数据

步骤1 选择 A 列。

步骤2 选择"数据"→"数据工具"→"分列"命令，如图 2-119 所示。

图 2-119　选择"分列"命令

步骤3 打开"文本分列向导 - 第 1 步，共 3 步"对话框，选中"分隔符号"单选按钮，如图 2-120 所示。

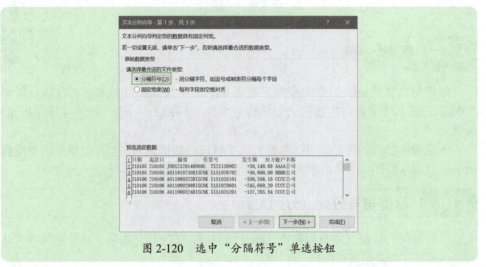

图 2-120　选中"分隔符号"单选按钮

步骤4 单击"下一步"按钮，打开"文本分列向导 - 第 2 步，共 3 步"对话框，勾选"空格"复选框，如图 2-121 所示，可见已经将各列数据分开了。但是第一列和第二列的日期是错误的，还需要继续往下操作。

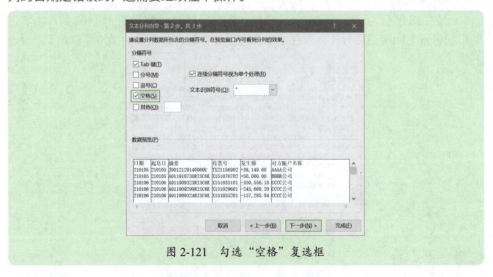

图 2-121　勾选"空格"复选框

步骤5 单击"下一步"按钮,打开"文本分列向导 - 第 3 步,共 3 步"对话框,在"数据预览"列表框中选择第一列,并选中"日期"单选按钮,将非法日期转换为正确的日期格式,如图 2-122 所示。选择第二列,并选中"日期"单选按钮,将第二列的非法日期转换为正确的日期格式。

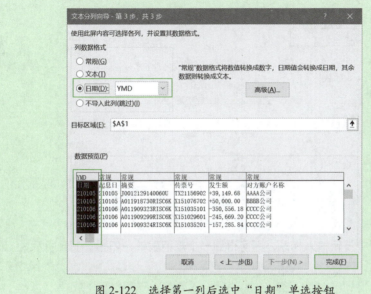

图 2-122 选择第一列后选中"日期"单选按钮

步骤6 单击"完成"按钮,即可得到分列后的数据,如图 2-123 所示。

图 2-123 分列后的数据

如果还需要把 E 列的发生额分成两列,分别处理为借方发生额和贷方发生额(根据发生额的正负判断),也可以使用分列工具处理,此时的分隔符号是负号"-"。

步骤7 在 E 列后面插入一个空列,然后选择 E 列,选择"数据"→"数据工具"→"分列"命令,打开"文本分列向导 - 第 1 步,共 3 步"对话框,选择"分隔符号"单选按钮,第 2 步中勾选"其他"复选框,并输入符号"-",如图 2-124 所示,可见发生额被分成两列,整数在左边一列,负数在右边一列(没有了负号)。

Excel 财务数据处理与分析自动化案例视频精讲

图 2-124　勾选"其他"复选框后输入符号"-"

步骤8 在工作表中重新输入标题，即可得到一个规范表单，如图 2-125 所示。

	A	B	C	D	E	F	G
1	日期	起息日	摘要	传票号	借方发生额	贷方发生额	对方账户名称
2	2021-1-5	2021-1-5	J0012129140060U	TX21156902	39,149.68		AAAA公司
3	2021-1-5	2021-1-5	A011918730RISC6K	X151076702		50,000.00	BBBB公司
4	2021-1-6	2021-1-6	A011909323RISC6K	X151035101		350,556.18	CCCC公司
5	2021-1-6	2021-1-6	A011909299RISC6K	X151029601		245,669.20	CCCC公司
6	2021-1-6	2021-1-6	A011909324RISC6K	X151035201		157,285.84	CCCC公司
7	2021-1-6	2021-1-6	A011909307RISC6K	X151033501	210,851.42		CCCC公司
8	2021-1-6	2021-1-6	A011909302RISC6K	X151030201		101,541.05	CCCC公司
9	2021-1-6	2021-1-6	A011909279RISC6K	X151026101		36,494.32	CCCC公司
10	2021-1-6	2021-1-6	A011909361RISC6K	X151037901		36,043.85	CCCC公司
11	2021-1-6	2021-1-6	A011909287RISC6K	X151027601	14,084.60		CCCC公司
12	2021-1-6	2021-1-6	A011909285RISC6K	X151027401	13,751.90		CCCC公司
13	2021-1-6	2021-1-6	A011909295RISC6K	X151029101		11,372.43	CCCC公司
14	2021-1-6	2021-1-6	A011909371RISC6K	X151038601		7,820.95	CCCC公司

图 2-125　整理完毕的规范表单

2.10.2　根据固定宽度分列（分列工具）

在有些情况下，各列数据之间使用空格分开，但不能使用空格进行分列，而是要按照相对位置（固定宽度）来处理。

案例 2-21　数据分列（根据固定宽度）

如图 2-126 所示，尽管每列数据之间是用空格隔开的，但它们的相对位置是确定的，此时就不能使用空格进行分列了，因为如果按照空格分列，借方发生额和贷方发生额就被处理到同一列。在这种情况下，需要根据相对位置（固定宽度）进行分列，详细的操作步骤如下。

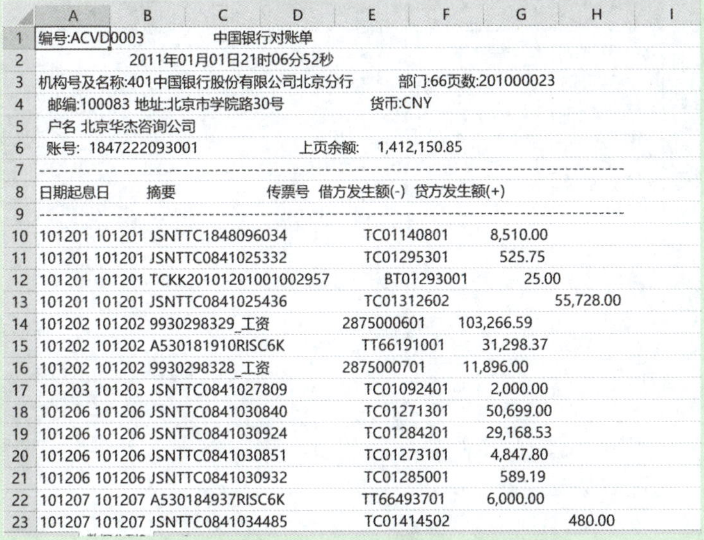

	A
1	编号:ACVD0003 中国银行对账单
2	2011年01月01日21时06分52秒
3	机构号及名称:401中国银行股份有限公司北京分行 部门:66页数:201000023
4	邮编:100083 地址:北京市学院路30号 货币:CNY
5	户名 北京华杰咨询公司
6	账号: 1847222093001 上页余额: 1,412,150.85
7	--
8	日期起息日 摘要 传票号 借方发生额(-) 贷方发生额(+)
9	--
10	101201 101201 JSNTTC1848096034 TC01140801 8,510.00
11	101201 101201 JSNTTC0841025332 TC01295301 525.75
12	101201 101201 TCKK20101201001002957 BT01293001 25.00
13	101201 101201 JSNTTC0841025436 TC01312602 55,728.00
14	101202 101202 9930298329_工资 2875000601 103,266.59
15	101202 101202 A530181910RISC6K TT66191001 31,298.37
16	101202 101202 9930298328_工资 2875000701 11,896.00
17	101203 101203 JSNTTC0841027809 TC01092401 2,000.00
18	101206 101206 JSNTTC0841030840 TC01271301 50,699.00
19	101206 101206 JSNTTC0841030924 TC01284201 29,168.53
20	101206 101206 JSNTTC0841030851 TC01273101 4,847.80
21	101206 101206 JSNTTC0841030932 TC01285001 589.19
22	101207 101207 A530184937RISC6K TT66493701 6,000.00
23	101207 101207 JSNTTC0841034485 TC01414502 480.00

图 2-126 每列数据用空格隔开，但相对位置固定

步骤1 手工删除顶部、底部和中间的所有不需要的行，得到一个相对干净的表格，如图 2-127 所示。

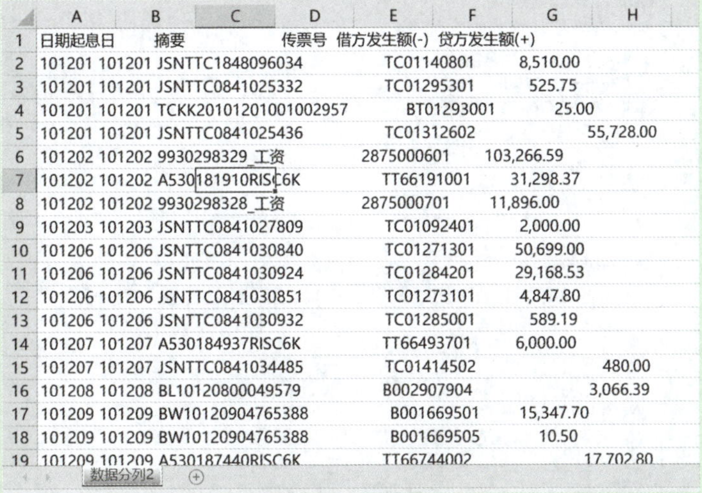

	A
1	日期起息日 摘要 传票号 借方发生额(-) 贷方发生额(+)
2	101201 101201 JSNTTC1848096034 TC01140801 8,510.00
3	101201 101201 JSNTTC0841025332 TC01295301 525.75
4	101201 101201 TCKK20101201001002957 BT01293001 25.00
5	101201 101201 JSNTTC0841025436 TC01312602 55,728.00
6	101202 101202 9930298329_工资 2875000601 103,266.59
7	101202 101202 A530181910RISC6K TT66191001 31,298.37
8	101202 101202 9930298328_工资 2875000701 11,896.00
9	101203 101203 JSNTTC0841027809 TC01092401 2,000.00
10	101206 101206 JSNTTC0841030840 TC01271301 50,699.00
11	101206 101206 JSNTTC0841030924 TC01284201 29,168.53
12	101206 101206 JSNTTC0841030851 TC01273101 4,847.80
13	101206 101206 JSNTTC0841030932 TC01285001 589.19
14	101207 101207 A530184937RISC6K TT66493701 6,000.00
15	101207 101207 JSNTTC0841034485 TC01414502 480.00
16	101208 101208 BL10120800049579 B002907904 3,066.39
17	101209 101209 BW10120904765388 B001669501 15,347.70
18	101209 101209 BW10120904765388 B001669505 10.50
19	101209 101209 A530187440RISC6K TT66744002 17,702.80

数据分列2

图 2-127 删除不需要的行

步骤2 选择 A 列，选择“数据”→“数据工具”→“分列”命令，打开“文本分列向导 - 第 1 步，共 3 步”对话框，选中“固定宽度”单选按钮，如图 2-128 所示。

步骤3 单击“下一步”按钮，打开“文本分列向导 - 第 2 步，共 3 步”对话框，可以看到各列数据已经自动分开，如图 2-129 所示。

如果发现分列位置不对，可以手工拖动分列线调整分列位置。

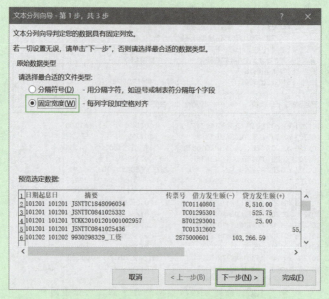

图 2-128　选中"固定宽度"单选按钮

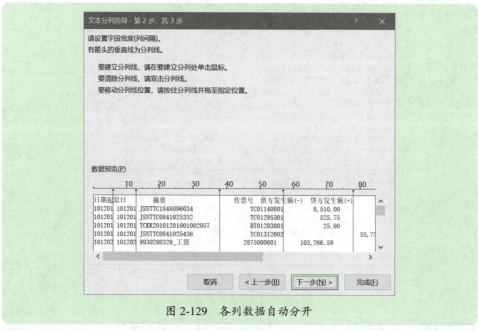

图 2-129　各列数据自动分开

步骤4 单击"下一步"按钮,打开"文本分列向导 - 第 3 步,共 3 步"对话框,按照案例 2-19 的步骤 5 处理前两列的日期。

步骤5 单击"完成"按钮,即可得到分列后的数据,如图 2-130 所示。

图 2-130　分列后的数据

步骤6 重新修改各列的标题,检查各列、各单元格中的数据是否有问题,并进行处理,即可得到规范表单,如图 2-131 所示。

图 2-131　整理完毕的规范表单

2.10.3　根据多个分隔符号分列(分列工具)

如果数据中存在多个分隔符号,同时选择多个分隔符号进行分列也是很方便的。

案例 2-22　数据分列(根据多个分隔符号分列)

如图 2-132 所示,在各行数据中,科目编码和总账科目之间用空格隔开,而总账科目与其下的明细项目之间使用"/"隔开。现在要将它们分成不同的列保存,具体的操作步骤如下。

步骤1 选择 A 列,打开"文本分列向导"对话框,在第 1 步中选中"分隔符号"单选按钮,在第 2 步中同时勾选"空格"和"其他"复选框,并在"其他"复选框右侧的文本框中输入"/",如图 2-133 所示。

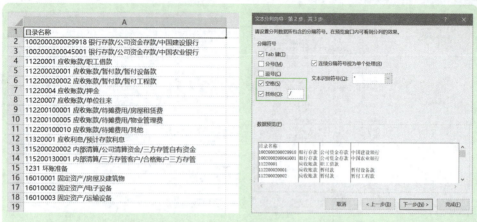

图 2-132　原始数据：各行数据用空格和"/"隔开　　图 2-133　勾选"空格"和"其他"复选框

步骤2 在第 3 步中选择第一列，选中"文本"单选按钮，将第一列编码的数据格式设置为"文本"，因为科目编码要设置为文本型数字，如图 2-134 所示。

图 2-134　选中"文本"单选按钮

步骤3 单击"完成"按钮，得到如图 2-135 所示的分列结果。

图 2-135　分列结果

2.10.4 多次分列（分列工具）

在有些情况下，需要对数据表格进行多次分列并对数据进行处理，才能得到需要的结果。

案例 2-23　数据分列（多次分列）

如图 2-136 所示的数据表格，需要在 B 列的"科目名称"中提取"项目"和"部门"两列数据，结果如图 2-137 所示。

图 2-136　B 列的"项目"和"部门"数据混在一列　　图 2-137　分列整理后的结果

详细的操作步骤如下。

步骤1 选择 B 列，打开"文本分列向导"对话框，在第 1 步中选中"分隔符号"单选按钮，在第 2 步中勾选"其他"复选框，并在其右侧的文本框中输入方括号"["，如图 2-138 所示。

注意这个案例中数据的特征：项目名称是没有方括号的，部门名称都是以方括号"["开头的，因此可以用方括号"["作为分隔符。

步骤2 单击"完成"按钮，得到如图 2-139 所示的第一次分列后的结果。

图 2-138　勾选"其他"复选框，并输入方括号"["　　图 2-139　第一次分列后的结果

步骤3 删除 D 列，再选择 C 列，打开"文本分列向导"对话框，在第 1 步中选中"分隔符号"单选按钮，在第 2 步中勾选"其他"复选框，并在其右侧的文本框中输入方括号"]"，如图 2-140 所示，单击"完成"按钮，即可将部门编码与部门分开，得到如图 2-141 所示的第二次分列后的结果。

图 2-140　勾选"其他"复选框，并输入方括号"]"

图 2-141　第二次分列后的结果

步骤4 删除 C 列，然后利用查找、替换的方法将部门名称后面的斜杠"/"清除，并输入标题，即可得到如图 2-142 所示的结果。

图 2-142　整理后的基本表格

步骤5 采用定位填充的方法对 B 列中的空单元格进行填充。

2.10.5　使用函数分列（IF 函数）

在某些情况下，需要使用函数进行分列。根据具体情况，选择不同的函数设计公式即可实现将一列分成几列，而原始列仍然存在。

案例 2-24 使用函数分列（IF 函数）

如图 2-143 所示的原始数据表格是从系统导出的管理费用表单，部门和费用都保存在 B 列，没有办法分析数据。现在需要从 B 列中提取部门和费用，分别保存在 E 列和 F 列。

图 2-143 原始数据表格

仔细分析 B 列的数据特征，就能找出解决问题的逻辑思路：若 A 列中没有数据，则 B 列中是部门；若 A 列中有数据，则 B 列中是费用。在提取费用时，如果 A 列为空时，仍然是上一行提取出来的费用。

按照上面的思路设计如下的提取部门和费用的公式，结果如图 2-144 所示。

单元格 E2，部门：=IF(A2="",MID(B2,5,100),"")
单元格 F2，费用：=IF(A2<>"",B2,F1)

图 2-144 提取部门和费用的结果

2.10.6 使用函数分列（文本函数）

在使用函数分列时，经常使用文本函数来设计提取数据的公式，包括 LEN 函数、LEFT 函数、RIGHT 函数、MID 函数、FIND 函数等。

下面结合案例说明如何使用这些函数进行数据的分列。

案例 2-25 使用函数分列（文本函数）

如图 2-145 所示，"科目编码"与"科目名称"之间没有任何字符，在一个单元格中紧密相连，如何把它们分开呢？

图 2-145 "科目编码"与"科目名称"在一个单元格中

这个数据表的特征是：要分列"科目"列中的数字和汉字，数字是半角字符，汉字是全角字符，1 个数字占 1 字节，1 个汉字占 2 字节，1 个汉字比 1 个数字多了 1 字节，只要计算出字节数与字符数之间的差异，就能够知道有多少个汉字。使用 RIGHT 函数可以将右侧的汉字取出，使用 LEFT 函数可以取出左侧的编码。

设计如下单元格公式，结果如图 2-146 所示。

单元格 B2： =LEFT(A2,2*LEN(A2)–LENB(A2))
单元格 C2： =RIGHT(A2,LENB(A2)–LEN(A2))

图 2-146 利用函数分列紧密相连的数字编码和汉字名称

2.10.7 使用快速填充工具（Ctrl+E 组合键）

如果使用的是 Excel 2016 及以上版本，在有些情况下，使用"快速填充"工具可以迅速完成数据的分列，这个工具按钮在"分列"按钮右侧，如图 2-147 所示。

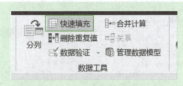

图 2-147 "快速填充"按钮

案例 2-26 使用快速填充工具（Ctrl+E 组合键）

对于案例 2-25 中的数据表格，可以使用快速填充工具完成分列，主要步骤如下，详细操作请观看视频。

步骤1 将 B 列中保存科目编码的单元格格式设置为文本格式。
步骤2 在 B 列第一个单元格（B2）中手工输入第一个科目编码。
步骤3 选中 B 列中包括 B2 单元格在内的所有要保存科目编码的单元格区域。
步骤4 选择"数据"→"快速填充"命令，或者按 Ctrl+E 组合键，即迅速填充数据。
步骤5 按照类似操作，在 C 列快速填充科目名称。

2.10.8 使用 Power Query 分列

在很多情况下，如果使用 Excel 工具（分列工具、函数等），分列操作是非常烦琐的，甚至无法完成，此时可以使用 Power Query 快速解决。下面结合一个简单的案例进行说明。

案例 2-27 使用 Power Query 分列

如图 2-148 所示，科目编码和英文的科目名称连在一起，保存在一个单元格中，现在要将它们分成两列保存。

	A
1	科目名称
2	111Cash and cash equivalents
3	1111cash on hand
4	1112petty cash/revolving funds
5	1113cash in banks
6	1116cash in transit
7	112Short-term investment
8	1121short-term investments-stock

图 2-148 示例数据

利用 Power Query 分列的操作步骤如下。

步骤1 单击数据区域的任一单元格。

步骤2 选择"数据"→"获取和转换"→"从表格"命令，打开"创建表"对话框，勾选"表包含标题"复选框，如图 2-149 所示。

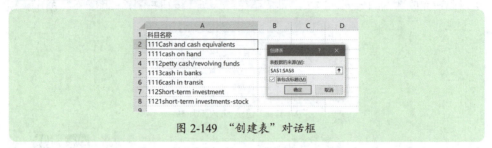

图 2-149 "创建表"对话框

步骤3 单击"确定"按钮，打开 Power Query 编辑器，如图 2-150 所示。

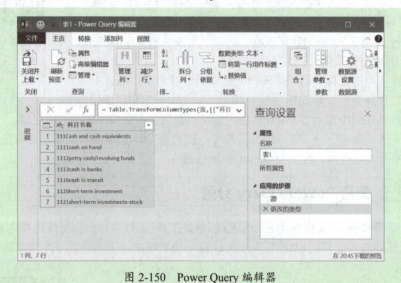

图 2-150 Power Query 编辑器

步骤4 选择 A 列，选择"转换"→"拆分列"→"按照从数字到非数字的转换"命令，如图 2-151 所示。

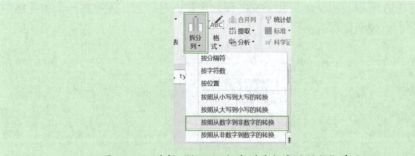

图 2-151 选择"按照从数字到非数字的转换"命令

步骤5 得到两列"科目名称"数据，如图 2-152 所示。

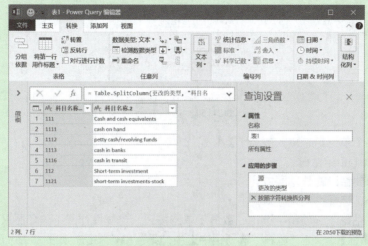

图 2-152　得到两列"科目名称"数据

步骤6 修改 A 列的标题，并将数据导入 Excel 工作表中，如图 2-153 所示。

图 2-153　修改 A 列标题后的"科目编码"和"科目名称"列

2.11　批量修改数据

如果要对指定区域的数字统一进行批量修改，如把基本工资增加 20%，可以插入一个辅助列进行操作。这其实是一个如何快速对数据进行批量修改的问题，通过使用选择性粘贴工具，必要时联合使用筛选功能，即可快速完成需要的修改。

2.11.1　批量修改全部单元格数据

如果要对选中的单元格区域的所有单元格数据进行批量修改，如统一乘以或者除以一个数、统一加上或减去一个数，就可以使用选择性粘贴的方法进行批量修改。

案例 2-28　批量修改全部单元格数据

如图 2-154 所示，要把每人的基本工资增加 20%，批量修改的具体操作步骤如下。

图 2-154 基本工资

步骤1 在某个单元格中输入数字 1.2。
步骤2 按 Ctrl+C 组合键。
步骤3 选择要修改的数据区域。
步骤4 打开"选择性粘贴"对话框。
步骤5 在"粘贴"选项组中选中"数值"单选按钮（这样操作是不破坏原来已经设置好的单元格格式），在"运算"选项组中选中"乘"单选按钮，如图 2-155 所示。
步骤6 单击"确定"按钮，即可迅速得到修改后的基本工资，如图 2-156 所示。

图 2-155 利用选择性粘贴批量修改数据　　图 2-156 修改后的基本工资

2.11.2 批量修改部分满足条件的单元格数据

如果要对数据区域的部分单元格进行批量修改，如统一乘以或者除以一个数、统一加上或减去一个数，也可以使用选择性粘贴的方法进行批量修改，方法与 2.11.1 小节中的操作基本一致，只不过要先选中这些准备修改的单元格（可以通过筛选或者鼠标框选）。

案例 2-29　批量修改部分单元格数据

如图 2-157 所示，要将北京和苏州分公司员工的工资统一增加 500，具体的操作步骤如下。

步骤1 对数据区域建立筛选，把北京和苏州的数据筛选出来，如图 2-158 所示。
步骤2 在空白单元格中输入 500，并复制该单元格。
步骤3 选中单元格区域 A2:B12，按 Alt+; 组合键，即可选择可见单元格，或者打开"定位条件"对话框，选中"可见单元格"单选按钮。
步骤4 打开"选择性粘贴"对话框，选中"加"单选按钮。批量修改后的数据如图 2-159 所示。

图 2-157　原始数据　　图 2-158　筛选出北京和苏州的数据　　图 2-159　批量修改后的数据

2.12　整理数据的常用技巧

在整理数据中，如果掌握几个常用技巧，不仅可以快速提高数据的整理效率，还可以避免出现错误。下面介绍几个数据整理的常用技巧。

2.12.1　选择可见单元格

在筛选和分类汇总操作中，经常要选择筛选出来的数据，也就是选择可见单元格，此时，可以使用 Alt+; 组合键，也可以在"定位条件"对话框中选中"可见单元格"单选按钮，如图 2-160 所示。

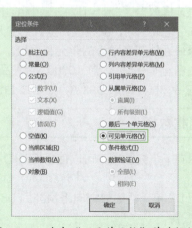

图 2-160　选中"可见单元格"单选按钮

2.12.2 快速确认实际数据区域的大小

有时会遇到如下情况,虽然工作表中只有几十行数据,但是保存后文件占用的内存特别大。这很有可能是工作表的数据区域被无形中扩大了。例如,在 AC 列某个单元格中输入过数据,然后删除了,Excel 就认为数据扩展到了 AC 列。

如何快速确认实际数据区域的大小呢?按 Ctrl+End 组合键,即可迅速定位到数据区域的右下角单元格。

2.12.3 快速定位到数据区域的边界

如果要快速定位到数据区域的边界(最左边一列、最右边一列、最上面一行、最下面一行),可以使用以下快捷键。

- Ctrl+ 右箭头:定位到数据区域的最右边一列。
- Ctrl+ 左箭头:定位到数据区域的最左边一列。
- Ctrl+ 上箭头:定位到数据区域的最上面一行。
- Ctrl+ 下箭头:定位到数据区域的最下面一行。

还有一个更简单的方法:用鼠标对准某个单元格的边框,当鼠标指针变为十形状时,单击相应边框即可快速定位。

- 单击上边框,快速定位到数据区域的最上面一行。
- 单击下边框,快速定位到数据区域的最下面一行。
- 单击右边框,快速定位到数据区域的最右边一列。
- 单击左边框,快速定位到数据区域的最左边一列。

2.12.4 快速选择数据区域

如果要快速选择数据区域,可以按 Ctrl+A 组合键。要注意的是,如果数据区域中含有空行或空列,就只选到空行或空列为止。

如果要选择很远处或者很大的单元格区域,可以使用名称框。如果要快速选择第 10000 行,在名称框中输入"1:10000",然后按 Enter 键即可。如果要选择第 BA 列至 CA 列,在名称框中输入 BA:CA,然后按 Enter 键。

2.12.5 快速向下填充数据

如果要快速向下填充数据,可以使用 Ctrl+D 组合键,D 就是 Down 的意思。

例如,要把 D2 单元格的数据向下填充到 D3 单元格,就先单击 D3 单元格,然后按 Ctrl+D 组合键。

如果要把 A2:H2 单元格区域的数据向下填充到 A3:H3 单元格区域,就先选择

A3:H3 单元格区域，然后按 Ctrl+D 组合键。

如果要把 A2:H2 单元格区域的数据向下填充到 A3:H5，就先选择 A2:H5 单元格区域，然后按 Ctrl+D 组合键。

2.12.6 快速向上填充数据

如果要把某个单元格或者单元格区域的数据向上填充，可以使用"向上"填充命令，如图 2-161 所示。方法很简单，选择数据区域，执行"向上"填充命令即可。

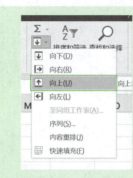

图 2-161　执行"向上"填充命令

2.12.7 快速向左填充数据

如果要把某个单元格或者单元格区域的数据向左填充，也没有快捷键，但是可以使用"向左"填充命令，如图 2-161 所示。方法很简单，选择数据区域，执行"向左"填充命令即可。

2.12.8 快速向右填充数据

向右填充数据，可以使用 Ctrl+R 组合键，R 就是 Right 的意思。也可以使用"向右"填充命令，如图 2-161 所示。方法很简单，选择要填充的区域，按 Ctrl+R 组合键或执行"向右"填充命令即可。

2.12.9 快速删除所有批注

有时在工作表中插入了很多批注，现在想把这些批注全部删除，可以使用定位删除法。方法很简单，打开"定位条件"对话框，选中"批注"单选按钮，如图 2-162 所示，单击"确定"按钮返回工作表中，然后选择"删除"命令，如图 2-163 所示。

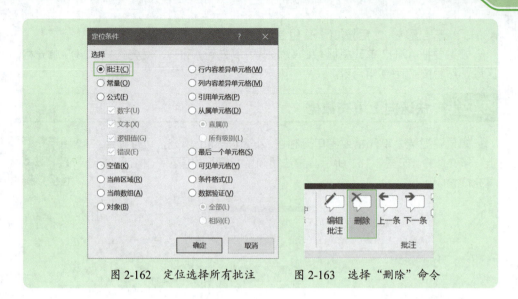

图 2-162　定位选择所有批注　　图 2-163　选择"删除"命令

第3章

财务表单设计技能与实战

基础数据表单是数据管理和数据分析的重要基础,没有一个科学规范的基础数据表单,一切都是空谈。

设计任何一个表格,无非就是两个目的:管理数据和分析数据。但是,很多人在设计表格时没有考虑这两个问题,或者考虑不周全,仅仅是按照自己的喜好设计表格,或者按照领导的要求设计表格。

不论是什么表格,必须结合具体业务进行设计。这些业务数据如何保存,用几个表保存,用几列保存,如何输入采集数据,如何维护数据,都是表格设计者需要认真考虑的问题。

3.1 正确区分两类表格

从本质上来说，日常处理的 Excel 表格可以分为两大类：基础表单和报告表格。

但是，很多人把这两种表格混在一起，结果就是越弄越乱，表格越做越大。

那么，什么是基础表单？什么是报告表格？它们各有什么规则要求呢？

3.1.1 基础表单

很多人在设计表格时，信手拈来，全然不考虑业务数据的管理逻辑、数据流程架构、数据输入方法，而是一味地根据习惯操作，甚至采取 Word 表格的思维操作，导致的后果就是设计出的表格结构不科学、数据不规范，不仅不方便进行数据维护，而且以后的数据汇总和分析更是困难重重。

基础表单是基础数据表格，保存的是最原始的颗粒化数据，是日常管理数据时需要使用的，是数据分析的基础。对于这样的表格，设计的基本原则是"**越简单越好**"。也就是说，以最简单的表格结构保存最基本的数据信息，数据采集要颗粒化。因此，基础表单应该按照严格的数据库结构进行设计，避免出现如下不规范的做法。

- 设计的表单无逻辑。
- 大而全的表格。
- 用二维表格管理数据。
- 行标题和列标题使用合并单元格。
- 在表单中插入小计行。
- 在表单中插入大量的空行、空列。
- 在表单的数据区域外输入其他无关的数据。
- 不同项目字段的数据保存在一列。
- 数据和单位写在一起。
- 在名称文字中强制添加空格。
- 输入非法日期。
- 不区分文本型数字和纯数字。
- 在基础表单中添加不必要的计算列。

当表格结构定下来后，剩下的工作就是日常维护数据了。数据的输入同样也不能随心所欲。在日常工作中，很多人会犯如下错误。

- 任意地在文字（尤其是姓名）中加空格，手动对齐。
- 日期输入如"2021.5.15"这样的违反 Excel 基本规则的数据。
- 名称不统一，如"人力资源部""HR""人事部"混用。
- 同一列数据的输入格式不统一，如数据是数字型编码，但是有的单元格按文本格式输入，有的单元格按数值格式输入。

基础表单不只是一张工作表，根据工作需要和数据管理的要求，有时还需要把数据分成几个工作表来保存。例如：
- 工资和考勤管理中包括按月保存的工资数据和考勤数据。
- 员工基本信息管理中包括一个重要的员工基础数据表，其他辅助信息（如学历、培训情况等）单独保存在另外一个工作表中。
- 销售管理中包括合同基本信息表、发票表、收款表、发货表。
- 资金管理可以按照银行账户分别管理资金流入、流出，也可以只设计一个所有账户的资金流入、流出总账簿。
- 应付管理中包括客户信息表、期初余额表、发票记录表、付款记录表和其他备注表。

3.1.2 报告表格

报告表格是最终的汇总计算结果，是给其他人看的分析报告。对于这样的表格，设计的基本原则是"越清楚越好"。也就是说，以最简单明了的表格和图表反映数据的根本信息，以便发现问题、分析问题和解决问题。

报告表格一定要反映数据分析者的基本思想和逻辑，反映数据分析者对企业经营的思考。报告表格考虑的重点是信息的浓缩提炼和清晰易读，以便表格的使用者能一目了然地找到需要的信息。因此，在报告表格的结构设计上应当考虑如下几个方面。
- 合理的表格架构。
- 易读的数据信息。
- 突出重点信息。
- 表格外观美观。
- 动态提取和分析信息。
- 分析结果可视化。
- 报告表格自动化。
- 报告表格模板化。
- 分析仪表盘。

现在的情况是：很多人没有数据分析思路，所做的报表仅仅是汇总计算表，没有深入分析数据背后的信息，无法提交一份有说服力的报告。

3.1.3 务必将基础表单和报告表格分开

很多人喜欢在原始数据表格中制作分析报表，导致的结果是：一张工作表中既有原始数据，又有分析报表，这是一种不规范的做法。

基础表单应该只保存基础数据，是干干净净的一个工作表或几个工作表，这样就保证了原始数据的纯洁性和安全性，维护起来也很方便。

报告表格应该在另一个工作表中制作，这个工作表中只计算分析结果，是各种分析结果的有序展示，一步步引导报表使用者关注最重要的信息。

3.2 严格区分三种数据

表格架构是骨骼，数据是血肉，两者骨肉相连。

Excel 中的数据按照数据类型可以分为 3 种：文本、日期和时间、数字。这 3 种数据的处理都有严格的规则，在输入数据和管理数据时，必须严格遵守这些规则。

3.2.1 文本

文本就是不能参与数学计算的数据，如汉字、字母、字符等。在输入文本时，要注意以下几点。

- 不要在名称之间加空格，也不要在名称前后加空格。
- 避免前后输入的名称不统一。
- 如果要输入名称的简称，一定要有一个全称和简称的对照表。
- 对于英文名称，要注意单词的拼写，并注意单词之间留有标准的一个空格，不要有多余的空格。
- 注意文本型数字的处理方法。

3.2.2 日期和时间

1. 关于日期

很多人会在 Excel 表格中输入如"2021.7.23""7.23""21.7.23"格式的日期，这样做就大错特错了，因为这种输入格式违背了 Excel 处理日期的基本规则。

规则 1：Excel 把日期处理为正整数，数字 0 代表 1900-1-0; 数字 1 代表 1900-1-1; 数字 2 代表 1900-1-2; 数字 3 代表 1900-1-3, 以此类推。如日期 2021-7-23 对应正整数 44400。

规则 2：Excel 处理日期的基本单位是天，如果在一个日期上加上一个数字，如加上 10，这个 10 被认为是 10 天。

规则 3：输入日期的正确格式是"年 - 月 - 日"或"年 / 月 / 日"。输入格式"2021.7.23""7.23""21.7.23"都是不对的,因为这样的输入结果是文本，而不是数字。

可以按照习惯采用一种简单的方法输入日期。例如，要输入日期 2021-7-23，采用如下的任何一种方法都是可行的。

- 输入 2021-7-23。
- 输入 2021/7/23。
- 输入 2021 年 7 月 23 日。
- 输入 7-23。
- 输入 7/23（注意，这不是分数）。
- 输入 7 月 23 日。
- 输入 21-7-23。

- 输入 21/7/23。
- 输入 23-Jul-21。
- 输入 23- Jul -2021。
- 输入 23-Jul。
- 输入 Jul -23。

2. 关于时间

Excel 处理日期和时间的基本单位是天，1 代表 1 天，1 天有 24 小时，因此时间是按照 1 天的一部分来处理的。也就是说，1 小时代表 1/24 天，1 小时就是小数 0.0416666666666667（即分数 1/24）。例如，8:30 就是 8.5/24，8:50 就是 (8+50/60)/24。因此，时间就是小数。

在 Excel 中，输入时间的格式一般为"时：分：秒"。

例如，要输入时间"14 点 20 分 30 秒"，可以输入"14:20:30"或"2:20:30 PM"。注意，在"2:20:30"和 PM 之间必须有一个空格。

但是，在输入没有小时，只有分钟和秒的时间时，如输入 5 分 45 秒这样的数据，则不能输入 5:45，这样会把时间识别为 5 小时 45 分。此时必须在小时部分输入一个 0，以表示小时数为 0，即输入"0:5:45"。

如果要在一个日期上加减一个时间，就必须先把时间转换为天。例如，要在 B2 单元格中日期和时间的基础上加 2.5 小时，公式是"=B2+2.5/24"。

如果要输入带日期限制的时间，如要输入 2021 年 7 月 23 日上午 9 点 30 分 45 秒，应该先输入日期"2021-7-23"，空一格后输入时间"9:30:45"，最后输入单元格中的字符应该是"2021-7-23 9:30:45"，输入完后按 Enter 键即可。

Excel 允许输入超过 24 小时的时间，但 Excel 会将这个时间进行自动处理。例如，如果输入如下时间：

26:45:55

它会被解释为 1900 年 1 月 1 日的 2:45:55。

同样，如果输入如下时间：

76:45:55

它会被解释为 1900 年 1 月 3 日的 4:45:55，即 Excel 将自动把多出 24 小时的那部分进位成 1 天。

假设输入了带具体日期限制的超过 24 小时的时间，Excel 也将其进行自动处理。例如，输入如下日期和时间：

2021-07-22 38:50:25

它会被处理为 2021 年 7 月 23 日的 14:50:25。

3. 日期和时间的错误来源

日期和时间的错误来源有两种：一是手工输入错误；二是系统导出错误。

系统导出的日期在很多情况下是错误的（是文本型日期，并不是数值），需要修改成规范样式，常用的方法是使用分列工具。

4. 如何快速判断单元格的日期和时间是否为正确的日期和时间

判断一个单元格的日期是否为正确的日期，只需把单元格的数字格式设置成常规或数值，如果单元格中的数据变成了正整数，则表明是日期；如果不变，则表明是文本。

同样地，判断一个单元格的时间是否为正确的时间，只需把单元格的数字格式设置成常规或数值，如果单元格中的数据变成了正的小数，则表明是时间；如果不变，则表明是文本。

3.2.3 数字

在 Excel 中数字是最简单的数据，但要牢记以下两个要点。
（1）Excel 最多处理 15 位整数，以及 15 位小数。
（2）数字有两种保存方式：纯数字和文本型数字。

对于编码类的数字，一定要将数字保存为文本，因为编码类数字只是分类名称，不需要进行求和计算。

当在单元格中输入文本型数字时，如身份证号码、邮政编码、科目编码、物料编码等，有两种方法：一是先把单元格格式设置为文本，然后正常输入数字；二是先输入英文单引号（'），然后输入数字。

现实中的主要问题是：

（1）很多人在输入如身份证号码这样超过 15 位数字的长编码时，输入数据后，发现最后 3 位数字变成 0，这样就丢失了最后 3 位数字。因此要特别注意处理为文本格式。

（2）有些人在处理数字类编码时，在编码列中可能存在文本格式和数字格式并存的情况，导致无法进行正确的数据处理分析。此时，需要把数字转换为文本，可以使用分列工具进行快速转换。要注意的是，不能通过设置单元格格式的方法转换，这样做毫无作用。

（3）如果是从系统导出的数据，其中数字为文本型数字，无法进行计算处理，此时需要将文本型数字转换为纯数字，可以使用智能标记、选择性粘贴或者分列工具。

（4）有些人喜欢把数字和单位写在一起，如"100 元""50 台"，这样是无法进行计算的，也犯了一个不懂数据管理的严重错误，数字 100、50 是销量、金额之类的数字，而"元""台"是单位，两者是不同类型的数据，应该分两列保存。

数字很简单，也很容易出错，要特别注意。

3.3 设计基础表单，是基础中的基础

经常听到很多人说：Excel 太难了，函数都不会用。其实，不是 Excel 太难了，也不是函数太难了，而是基础表单的设计有问题。就像盖房子，首先要设计好户型，这样以后装修起来就很容易了，可以装修成各种需要的风格。如果一开始户型的设计不合理，装修起来就会很费劲。

Excel 也是同样的道理。表单架构设计及数据的规范输入是极其重要的。不能不假思索就依照习惯设计一个工作表，然后稀里糊涂地输入数据，而是应该结合实际业务来设计和维护基础表单。

3.3.1 设计的基础表单要有逻辑性

Excel 的使用非常讲究逻辑。从本质上来说，Excel 的基础表单实际上是数据库，每个工作表就是一个数据表。Excel 操作具有很大的灵活性。所以，不论是使用 Excel 进行表格的结构设计，还是数据的日常维护，都不能随心所欲，否则就会导致表与表之间没有逻辑性，表内列与列之间也没有逻辑性，这样一个逻辑混乱的表格无法用来高效率地处理分析数据，而仅仅是一个表格而已。

任何一个基础表单的设计都要结合实际业务进行。为什么要用 5 个工作表保存不同的数据？为什么要用 10 列保存数据？每行数据如何保存？每列数据如何安排先后的输入顺序？在设计基础表单之前，这些问题都要考虑清楚。

任何一个基础表单都是数据管理思路的结晶，是数据流程架构的具体体现。数据管理的对象是数据，那么，如何管理数据？在没有想明白这个问题之前，先不要忙于设计基础表单。

3.3.2 严禁用 Word 思维设计 Excel 表单

很多人在设计表格时，不区分表格的性质，不清楚业务数据的分类，而是设计了一张大而全的表格，甚至到处是合并单元格，数据也是错误百出，最后得出的结论是 Excel 太难学了，函数总是学不会。殊不知，造成数据处理分析效率低下的不是函数公式有多难，而是设计的表格根本无法使用函数公式进行高效计算。

3.3.3 数据输入要规范

无论是文本数据还是日期和时间，又或者是编码类的数字，很多人的处理是随心所欲的，按照自己的喜好和习惯输入，导致的后果是无法进行数据处理和分析。

例如，将员工的出生日期输入成"760805"，这会导致在使用函数计算年龄时计算公式很长。

=DATEDIF(1*TEXT("760805","00-00-00"),TODAY(),"y")

如果输入正确的日期"1976-8-5"，公式就会很精练。

=DATEDIF("1976–8–5",TODAY(),"y")

又如，在基础表单中为了强制对齐姓名而在文字中加入空格，在另一个表格中姓名的文字之间没有空格，这样就无法对这两个名字进行匹配。

为实现快速且准确地输入数据，可以使用如数据验证、函数公式、填充序列、导入外部数据等方法实现，这些方法将在后面详细介绍。

3.4 设计与维护表单的实用技能

基础表单的设计并不是想象得那样简单，需要从多方面仔细考虑，梳理清楚数据流动的逻辑，才能设计出科学规范的表单。

3.4.1 思维导图：设计表单架构

首先，只有对业务非常熟悉，才能设计出以管理为目的的表单，通过对业务的梳理，了解数据管理逻辑和表格结构逻辑，先搭框架，再进行具体设计。

在设计的初始阶段，绘制思维导图是一个重要的步骤。

例如，要设计一个合同管理系统，要考虑其中有哪些基础表单，每个基础表单中有哪些字段，这些表单通过哪些字段相关联。

仔细思考后才能设计出如图 3-1 所示的销售合同管理的思维导图。

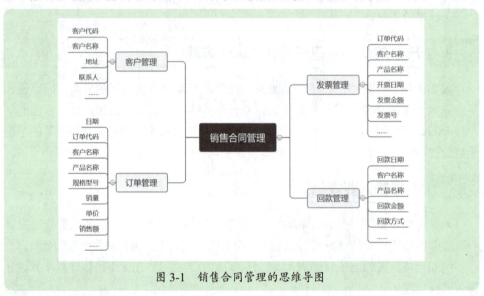

图 3-1 销售合同管理的思维导图

3.4.2 数据验证及其设置方法

设计好表单结构后，需要输入数据，每天维护表单。

输入数据有很多值得了解并需要熟练运用的方法和技能，如数据验证工具、自动更正工具、函数和公式、填充数据工具等。

下面介绍通过数据验证控制规范输入数据的基本方法和技能技巧。

数据验证又称为数据有效性，就是只有满足规定条件的数据才是有效的，才能输入单元格中，否则就是无效的，不允许输入。

所谓输入数据，是指从键盘输入数据，而不是复制粘贴数据，这一点要特别注意。

数据验证工具的使用很简单，先选择单元格区域，然后选择"数据"→"数据工具"→"数据验证"命令，如图3-2所示。

选择"数据验证"命令后，打开"数据验证"对话框，如图3-3所示。

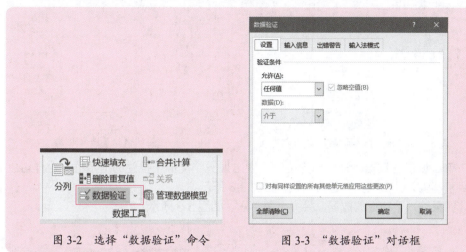

图3-2 选择"数据验证"命令　　图3-3 "数据验证"对话框

在"数据验证"对话框中，主要是在"设置"选项卡中设置数据的验证条件，也就是在"允许"下拉列表中选择某个规则，如图3-4所示。

当选择某个规则后，就会出现该规则下的条件规则设置选项，如图3-5所示，然后根据要求设置具体的条件规则即可。

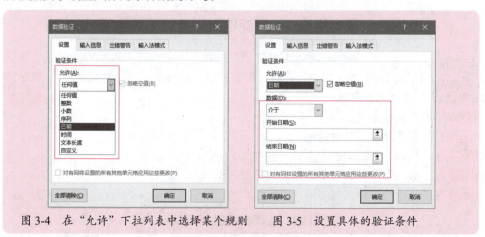

图3-4 在"允许"下拉列表中选择某个规则　　图3-5 设置具体的验证条件

为了便于表单使用者在输入数据时提醒输入数据的方法和注意事项，还可以在"输入信息"选项卡中填写说明文字，如图3-6所示。

当出现输入错误时，会弹出警告框，提醒出现错误并说明错误原因，在"出错警告"选项卡中设置即可，如图3-7所示。

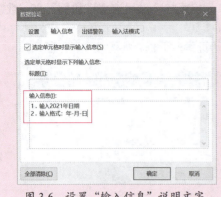

图 3-6 设置"输入信息"说明文字　　图 3-7 设置"出错警告"信息

单击设置有数据验证的单元格时，会出现一个类似于批注的提示框，这样可以一目了然输入什么数据，怎样输入，如图 3-8 所示。

如果输入了错误的数据，会弹出警告框，如图 3-9 所示。

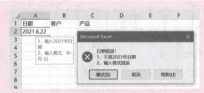

图 3-8 输入信息的提示框　　图 3-9 输入错误的数据时弹出警告框

3.4.3 数据验证基本用法 1：只能输入规定格式的数字

例如，在某些表单中，某列只能输入大于或等于 0 的整数，如衣服的销量、家电的销量等，此时，可以设置如图 3-10 所示的数据验证，具体的操作步骤如下。

步骤1 选择单元格区域。
步骤2 打开"数据验证"对话框。
步骤3 在"允许"下拉列表中选择"整数"。
步骤4 在"数据"下拉列表中选择"大于或等于"。
步骤5 在"最小值"输入框中输入数字 0。

图 3-10 设置单元格只能输入大于或等于 0 的整数

3.4.4 数据验证基本用法2：只能输入规定的日期

日期是基础表单的重要数据，也是非常容易出错的数据。无论是手工输入日期，还是从系统导出的数据，表格中会有很多错误日期。

为了在输入日期时不出现错误日期，使用数据验证来控制日期输入是非常有必要的。例如，要限制A列单元格只能输入2021年的日期，可以进行如图3-11所示的设置，具体的操作步骤如下。

步骤1 选择A列数据区域（从第2行向下选择到一定行，第1行是标题，不需要设置）。
步骤2 打开"数据验证"对话框。
步骤3 在"允许"下拉列表中选择"日期"。
步骤4 在"数据"下拉列表中选择"介于"。
步骤5 在"开始日期"输入框中输入日期"2021-1-1"。
步骤6 在"结束日期"输入框中输入日期"2021-12-31"。

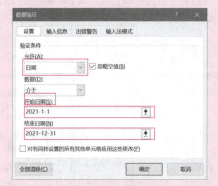

图 3-11　设置单元格只能输入 2021 年的日期

3.4.5 数据验证基本用法3：在单元格中设计下拉列表，快速选择输入数据

在很多表单中需要在某列输入固定的序列数据（这些数据可能不断地增加或减少），如部门名称、员工名称、客户名称、产品名称、性别、婚姻状况、科目名称等，此时可以使用数据验证在单元格中设置下拉列表，以便快速地选择输入这些数据。

例如，在某列中要输入客户等级，客户等级分为固定的4种情况：A级、B级、C级、未分级，可以为单元格设置如图3-12所示的数据验证条件，具体的操作步骤如下。

步骤1 选择单元格区域。
步骤2 打开"数据验证"对话框。
步骤3 在"允许"下拉列表中选择"序列"。
步骤4 在"来源"输入框中输入"A级,B级,C级,未分级"，注意各项目之间用英文逗号隔开。

图 3-12 为单元格设置下拉列表，只能输入规定的序列数据

这样，单击设置序列数据验证的单元格，在单元格右侧出现一个下拉按钮，单击该按钮出现一个下拉列表，可以快速选择输入数据，如图 3-13 所示。

图 3-13 单击单元格右侧的下拉按钮，在下拉列表中快速选择输入数据

当要输入的项目不多时，上面的设置方法是可以使用的。但是，如果要选择输入的项目很多或者名称很长，这种方法就不太好用了。此时，把项目名称事先保存在一个基本资料表中，然后在"数据验证"对话框中直接引用即可。

案例 3-1 在单元格中设置下拉列表

例如，在"客户资料"工作表的 B 列中保存客户名称，如图 3-14 所示。

图 3-14 "客户资料"工作表

现在需要在"发票信息"工作表中输入客户名称，如图 3-15 所示。

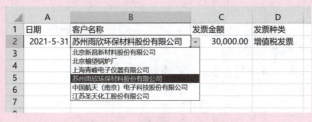

图 3-15 "发票信息"工作表

可以设置数据验证,具体的操作步骤如下。

步骤1 选择 B 列的单元格区域(从 B2 单元格往下选到一定的行)。
步骤2 打开"数据验证"对话框。
步骤3 在"允许"下拉列表中选择"序列"。
步骤4 在"来源"输入框中选择输入客户名称的单元格区域:"= 客户资料 !$B$2:$B$7",如图 3-16 所示。

图 3-16 引用另一个工作表的数据区域

3.4.6 利用函数公式输入连续的序号

在很多情况下,需要在表单中自动输入基本数据,如自动输入连续的序号、自动从基础资料表中提取并输入基本信息、从已输入的数据中自动提取重要的基本信息等,此时,就需要使用函数来完成。

如果要在表单的某列中根据数据的增加输入连续的序号,可以使用 ROW 函数。

如图 3-17 所示,只要在 B 列中输入数据,A 列中就自动输入连续的序号。即使删除了某行,序号也会自动调整为新的序号。A2 单元格的公式如下:

=IF(B2<>"",ROW()−1,"")

图 3-17　设置在 A 列中自动输入连续的序号

3.4.7　利用函数公式引用基本资料表的数据

数据表单有很多种，但从本质上来说，无非就是基本资料表单和日常维护数据表单，前者用于保存一定时期内基本不变的基本资料数据，后者用于保存每天发生的业务数据。

在日常维护表单的过程中，有些字段数据需要引用基本资料表单的数据，此时可以使用相关的查找函数实现数据的快速传递引用。常用的查找函数有 VLOOKUP 函数、MATCH 函数、INDEX 函数等。

案例 3-2　引用基本资料表的数据

如图 3-18 所示的表格是一个接单记录清单，根据输入的目的地，自动从价格表中匹配输入单价，从而算出接单金额。

单元格 E2 的公式如下：

=IF(A2="","",VLOOKUP("*"&D2&"*", 价目表 !$A$3:$B$8,2,0))

单元格 F2 的公式如下：

=IF(A2="","",C2*E2)

图 3-18　利用查找函数自动输入重要的基本数据

3.4.8　根据已输入的列数据自动计算输入数据

基础表单的有些重要数据既可以手工输入，也可以利用函数根据前面已经输入的数据自动计算输入。最典型的例子就是员工花名册表单中员工的性别、出生日期、年龄等数据，这些数据完全可以用前面已经输入的身份证号码直接计算出来，而没必要手工输入。

案例 3-3　根据身份证号码直接计算性别、出生日期和年龄

如图 3-19 所示，根据已经输入的身份证号码直接计算性别、出生日期和年龄，并且年龄是动态数据。各单元格的计算公式如下。

单元格 C2：

=IF(B2="","",IF(ISEVEN(MID(B2,17,1))," 女 "," 男 "))

单元格 D2：

=IF(B2="","",1*TEXT(MID(B2,7,8),"0000-00-00"))

单元格 E2：

=IF(B2="","",DATEDIF(D2,TODAY(),"y"))

图 3-19　根据已输入的数据自动计算其他基础数据

3.4.9　智能表格：自动向下复制公式，美化表格

当一个基础表单中有一些数据需要利用公式获取时，如何实现公式向下自动复制？很多人的做法是往下拉足够量的公式，这样的做法是不科学的，因为公式越多，计算速度越慢；而且拉下来的公式，当没有数据时，要么出现错误值，要么出现数字 0，很难看，不得不再使用 IF 或者 IFERROR 函数进行处理，这又降低了计算速度。

正确的做法是对表单创建智能表格，这样不仅可以向下自动复制公式，还可以利用智能表格进行基本的数据分析。

案例 3-4　利用智能表格自动向下复制公式

图 3-20 所示是一个根据开始工作时间自动计算工龄和年休假天数的表格，E 列和 F 列中单元格的计算公式分别如下。

单元格 E2：

=DATEDIF($D2,TODAY(),"y")

单元格 F2：
=IF(E2<1,0,IF(E2<10,5,IF(E2<20,10,15)))

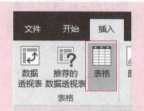

图 3-20　用公式自动计算工龄和年休假天数

现在的问题是，当在最下面一行输入新数据时，如何实现这两列公式自动向下复制？下面创建智能表格来实现这样的功能，具体的操作步骤如下。

步骤1　单击数据区域的任一单元格。

步骤2　选择"插入"→"表格"命令，如图 3-21 所示。

图 3-21　选择"表格"命令

步骤3　打开"创建表"对话框，如图 3-22 所示，勾选"表包含标题"复选框。

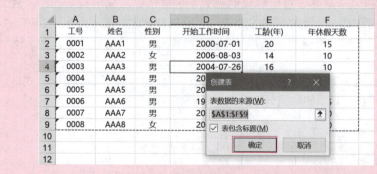

图 3-22　"创建表"对话框

步骤4　单击"确定"按钮，即可将原始表单转换为智能表格，如图 3-23 所示。

图 3-23　创建的智能表格

可以在"设计"选项卡中对表格样式进行设置,以使其更加美观,如图 3-24 所示。选择一个自己喜欢的样式或者自定义表格样式,结果如图 3-25 所示。

图 3-24　"表格样式"选项

图 3-25　重新设置表格样式

对智能表格而言,不管是插入一行还是插入多个空行,公式会自动向下复制,如图 3-26 所示。

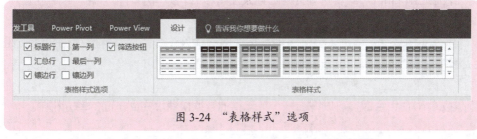

图 3-26　插入空行,公式自动向下复制

3.5 快速输入数据的常用技巧

对于很多的数据输入，如果掌握了一些实用技巧，可以达到事半功倍的效果。这些技巧并不是 Excel 的核心，建议不要把太多的精力放到这上面。

1. 快速输入当前日期

如果要输入当前日期，可以按 Ctrl+; 组合键或按 Ctrl+Shift+; 组合键。但要注意，当前日期是计算机中的日期，如果计算机上的日期不对，输入的日期也是错误的。另外，按 Ctrl+Shift+; 组合键输入的日期是没有秒的，只有小时和分钟。

2. 快速输入当前完整的日期和时间

先按 Ctrl+; 组合键输入当前日期，按空格键输入一个空格，再按 Ctrl+Shift+; 组合键输入当前时间，就可以得到一个有日期和时间的数据。

3. 快速输入上一个单元格的数据

按 Ctrl+D 组合键，可以把上一个单元格的数据快速填充到下面的单元格中。

4. 快速输入左边单元格的数据

按 Ctrl+R 组合键，可以快速把左边单元格的数据填充到右边的单元格中。

5. 快速批量输入相同的数据

如果要在一个单元格区域中输入相同的数据，可以先选择这些单元格，然后输入数据，最后按 Ctrl+Enter 组合键即可。

这种方法不仅可以处理连续的单元格区域，也可以处理不连续的单元格区域，按住 Ctrl 键的同时选择不连续的单元格，然后进行上述操作即可。

3.6 表单设计演练：固定资产管理表单

了解了设计表单的基本逻辑和相关技能技巧后，下面结合一个固定资产管理表单案例，进行表单设计的实战演练。

案例 3-5　固定资产管理表单

1. 表单结构设计

固定资产管理表单结构如图 3-27 所示。固定资产折旧统一采用平均年限法。对单元格 B1 设置了数据验证，用于选择要查看固定资产折旧表的月份。例如，选择 "2019-4-30" 就是查看 2019 年 4 月份的折旧表。

表单的第 3 行是标题，从第 4 行开始是每项固定资产的基本信息和折旧数据，基本信息由手工进行输入和管理,其他数据(如月折旧、累计折旧等)由已经设计好的公式自动计算。

	A	B	C	D	E	F	G	H	I	J	K	L	M	N
1	计算月份	2021年6月		折旧方法:平均年限法										
2														
3	资产名称	使用部门	购入日期	预计使用月份	开始计提日期	到期日期	已计提月数	剩余月数	原值	预计净残值	月折旧额	本年度累计折旧额	累计折旧额	本月末账面净值
4	厂房	一分公司	2008-6-18	360	2008-7-1	2038-6-30	156	204	16,000,000.00	800,000.00	42,222.22	253,333.32	6,586,666.32	8,613,333.68
5	仓库	销售部	2009-3-26	300	2009-4-1	2034-3-31	147	153	2,000,000.00	100,000.00	6,333.33	37,999.98	930,999.51	969,000.49
6	吊车	一分公司	2010-6-17	12	2010-7-1	2011-6-30	已提足月数	已提足月数	1,200,000.00	60,000.00	0.00	—	1,140,000.00	—
7	办公楼	信息部	2010-5-22	360	2010-6-1	2040-5-31	133	227	5,000,000.00	250,000.00	13,194.44	79,166.64	1,754,860.52	2,995,139.48
8	货车	销售部	2011-10-8	96	2011-11-1	2019-10-31	已提足月数	已提足月数	300,000.00	15,000.00	0.00	—	285,000.00	—
9	机床	二分公司	2011-10-16	120	2011-11-1	2021-10-31	116	4	650,000.00	32,500.00	5,145.83	30,874.98	596,916.28	20,583.72
10	机床	二分公司	2011-10-16	120	2011-11-1	2021-10-31	116	4	456,000.00	22,800.00	3,610.00	21,660.00	418,760.00	14,440.00
11	笔记本电脑	信息部	2012-3-21	60	2012-4-1	2017-3-31	已提足月数	已提足月数	12,000.00	600.00	0.00	—	11,400.00	—
12	笔记本电脑	后勤部	2012-3-21	60	2012-4-1	2017-3-31	已提足月数	已提足月数	12,000.00	600.00	0.00	—	11,400.00	—
13	传真机	办公室	2013-2-19	60	2013-3-1	2018-2-28	已提足月数	已提足月数	6,000.00	300.00	0.00	—	5,700.00	—
14	复印机	后勤部	2015-8-15	60	2015-9-1	2020-8-31	已提足月数	已提足月数	15,000.00	750.00	0.00	—	14,250.00	—
15	传真机	信息部	2018-4-11	60	2018-5-1	2023-4-30	38	22	6,000.00	300.00	95.00	570.00	3,610.00	2,090.00
16														

图 3-27　固定资产管理表单结构

2. 使用数据验证快速输入基本信息

在表单中,有些基本信息是固定的,可以使用数据验证来控制规范输入。

例如,"使用部门"列可以使用数据验证设置下拉列表,如图 3-28 所示。"购入日期"列也可以使用数据验证来限制规范输入正确的日期,防止输入错误格式的日期,如图 3-29 所示,可以根据需要确定最早日期。

图 3-28　设置输入"使用部门"的下拉列表

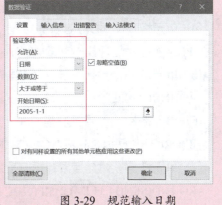

图 3-29　规范输入日期

同样,"预计使用月份"列也使用数据验证来控制只能输入正整数,如图 3-30 所示。

对于"原值"列,使用数据验证来控制只能输入正的数字(包括整数和小数),如图 3-31 所示。

图 3-30 "预计使用月份"列只能输入正整数

图 3-31 "原值"列只能输入正的数字

3. 使用公式计算其他项目的数据

表单中其他项目的数据，均由公式自动计算。

（1）单元格 E4，开始计提日期：

=EOMONTH(C4,0)+1

（2）单元格 F4，到期日期：

=EOMONTH(C4,D4)

（3）单元格 G4，已计提月数：

=IF(DATEDIF(E4,$B$1+1,"m")>D4," 已提足月数 ",DATEDIF(E4,$B$1+1,"m"))

（4）单元格 H4，剩余月数：

=IF(G4=" 已提足月数 ",G4,D4−G4)

（5）单元格 J4，预计净残值（这里假设净残值率是 5%）：

=ROUND(I4*0.05,2)

（6）单元格 K4，本月折旧额：

=IF(OR(G4=" 已提足月数 ",G4=0),0,ROUND(SLN(I4,J4,D4),2))

（7）单元格 L4，本年度累计折旧额：

=ROUND(SLN(I4,J4,D4),2)*IF(G4=" 已提足月数 ",
　　IF(YEAR(F4)=YEAR($B$1),MONTH(F4),0),
　　IF(YEAR($B$1)=YEAR(E4),
　　DATEDIF(E4,$B$1+1,"m"),MONTH($B$1)))

这个公式稍微复杂，主要通过判断固定资产的使用状况来计算本年度累计折旧额。有三种情况要考虑。

- 如果是以前年度购置的固定资产，并且在上年度已经计提完毕，本年度累计折旧额就是 0。
- 如果是以前年度购置的固定资产，并且在本年度某个月已经计提完毕，本年度累计折旧额就从 1 月份开始，计算到该月的累计折旧额。

- 如果是当年度购置的固定资产，本年度累计折旧额就从开始计提日期开始，截至指定月份的累计折旧额。

(8) 单元格 M4，累计折旧额。

=IF(G4=" 已提足月数 ",I4–J4,G4*K4)

(9) 单元格 N4，本月末账面净值：

=I4–J4–M4

4. 将普通区域转换为智能表格

截至目前都是在第 4 行设置的数据验证和公式，并没有一次性选择数百行或上千行来设置。不用担心数据验证和公式向下复制的问题，只要把这个数据区域转换为智能表格就可以了。

5. 固定资产管理表单的使用

至此固定资产管理表单已经设计完毕，可以正常使用了。在每行的基本信息单元格中输入基本信息，其他单元格的数据会自动计算出来。

第 4 章

快速核对数据

核对数据是财务人员经常要做的工作之一。所谓核对数据,就是从一个工作表中把非法的、不符合规则的数据找出来,或者从几个工作表中查找比对不一样的数据。

核对数据要准确、高效,而不是通过手工查找或者筛选来核对,因为这样只会事倍功半。本章将结合财务实际工作中常见的数据核对问题,介绍一些最实用且最容易掌握的方法和技巧。

4.1 核对数据的基本方法

核对数据有很多种方法，如"眼睛扒拉数"法、数据验证法、条件格式法、函数法、数据透视表法、Power Query 法（此法最新）等。

4.1.1 快速圈释无效数据

当需要对无效数据进行圈释时，为了快速找出哪些单元格的数据是非法的、无效的，可以使用数据验证快速完成。

例如，对图 4-1 中的数据使用 SUM 函数计算的合计数是错误的，说明有些数字是非法的。图 4-2 所示为对非法数字的圈释效果。

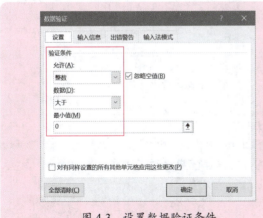

图 4-1　存在非法数字　　图 4-2　圈释非法数字

实现这个圈释效果很简单，首先选择数据区域，设置数据验证（这里认为正整数才是有效的），如图 4-3 所示，然后选择"数据验证"→"圈释无效数据"命令，如图 4-4 所示。

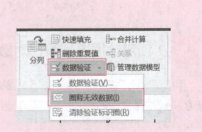

图 4-3　设置数据验证条件　　图 4-4　选择"圈释无效数据"命令

4.1.2 利用函数公式比对数据

在比对两个表格中的数据时，最常见的方法是使用函数，如 VLOOKUP 函数、SUMIF 函数、SUMIFS 函数等。依据具体情况，选择不同的函数设计公式。

如图 4-5 所示，要求比对"内表"和"外表"工作表中各项目的金额的差异。

图 4-5 "内表"和"外表"工作表

例如，以"内表"工作表为基准，要求核对"外表"数据与"内表"数据有什么不同，则在"内表"工作表的 C2 和 D2 单元格中分别输入取数公式和差异公式，对比结果如图 4-6 所示。

单元格 C2：

=VLOOKUP(A2,外表!$A$2:$B$11,2,0)

单元格 D2：

=B2–C2

图 4-6 "内表"和"外表"数据的对比结果

4.1.3 使用数据透视表比对数据

利用函数公式比对数据是不方便的，尤其是在要比对的数据较多的场合。其实，使用数据透视表比对数据是非常方便的。

案例 4-1 使用数据透视表核对数据

对于如图 4-5 所示的示例数据，使用数据透视表比对数据的基本方法和操作步骤如下。

步骤1 在"内表"工作表中按 Alt+D+P 组合键（P 键按两下），打开"数据透视表和数据透视图向导 - 步骤 1（共 3 步）"对话框，选中"多重合并计算数据区域"单选按钮，如图 4-7 所示。

步骤2 单击"下一步"按钮，打开"数据透视表和数据透视图向导 - 步骤 2a（共 3 步）"对话框，保持默认设置，如图 4-8 所示。

图 4-7 选择"多重合并计算数据区域"单选按钮

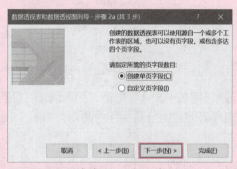
图 4-8 在步骤 2a 中保持默认设置

步骤3 单击"下一步"按钮，打开"数据透视表和数据透视图向导 - 第 2b 步，共 3 步"对话框，分别从两个工作表中选择并添加数据区域，如图 4-9 所示。

图 4-9 选择并添加两个工作表中的数据区域

步骤4 单击"下一步"按钮，打开"数据透视表和数据透视图向导 - 步骤 3（共 3 步）"对话框，选中"新工作表"单选按钮，如图 4-10 所示。

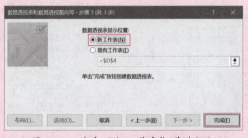
图 4-10 选中"新工作表"单选按钮

步骤5 单击"完成"按钮,即可得到如图4-11所示的基本数据透视表。

图4-11 得到的基本数据透视表

步骤6 将字段"页1"拖至"列"区域,即可将"金额"列拆分成两列,也就是将两个工作表的数据分开保存成两列,如图4-12所示。

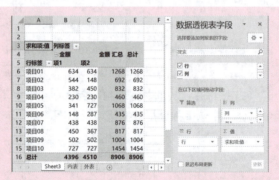

图4-12 重新布局字段,将两个工作表的数据分成两列

步骤7 对透视表进行美化,修改字段名称,设置格式,取消分类汇总,删除"总计"行,得到如图4-13所示的数据透视表。

步骤8 图4-13中的默认名称"项1"和"项2"分别代表"内表"和"外表",因此将这两列的标题分别修改为"内表"和"外表",如图4-14所示。

图4-13 格式化后的数据透视表　　图4-14 修改默认项的名称

步骤9 单击字段"页1",或者单击"内表"或"外表"单元格,然后选择"分析"→"字段、项目和集"→"计算项"命令,如图4-15所示。

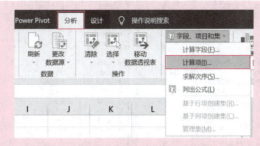

图4-15 选择"字段、项目和集"按钮下的"计算项"命令

步骤10 在打开的"在'页1'中插入计算字段"对话框中,输入名称为"差异",并输入计算公式"= 内表 - 外表",如图4-16所示。

步骤11 单击"添加"按钮,即可得到如图4-17所示的两个工作表的比对结果。

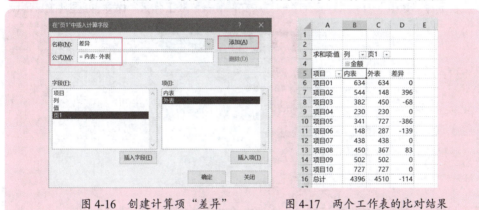

图4-16 创建计算项"差异"　　　图4-17 两个工作表的比对结果

4.1.4 利用 Power Query 比对两个表,快速得到各种差异结果

如果使用的是 Excel 2016 及以上版本,就有了一个更加强大的数据比对工具——Power Query,它不仅可以比对两个表格的差异,还可以制作出核对差异结果表。例如,两个表都有的项目的数据有没有差异,一个表存在的项目在另一个表中不存在。

案例 4-2　利用 Power Query 比对两个表

如图4-18所示的"表A"和"表B"工作表,分别保存了每个人的个税,现在要比对两个工作表,制作以下三个核对差异结果表。

(1) 两个工作表都存在,查看它们的差异。
(2) "表A"中存在,"表B"中不存在。

(3)"表B"中存在,"表A"中不存在。

图4-18 示例数据

下面介绍如何使用Power Query比对两个工作表,并生成核对差异结果表,具体的操作步骤如下。

步骤1 选择"数据"→"新建查询"→"从文件"→"从工作簿"命令,如图4-19所示。

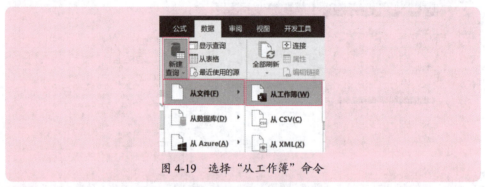

图4-19 选择"从工作簿"命令

步骤2 打开"导入数据"对话框,从文件夹中选择工作簿,如图4-20所示。

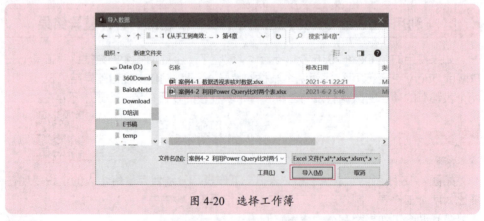

图4-20 选择工作簿

步骤3 单击"导入"按钮,打开"导航器"对话框,勾选"选择多项"复选框,并选择要比对的"表A"和"表B",如图4-21所示。

图 4-21 勾选"选择多项"复选框，选择"表 A"和"表 B"

步骤4 单击"转换数据"按钮，打开 Power Query 编辑器，如图 4-22 所示。

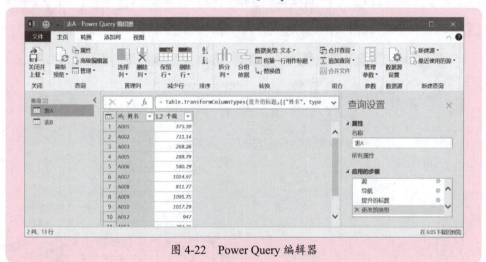

图 4-22 Power Query 编辑器

步骤5 制作要求的第一个核对表，就是两个工作表中都有数据的核对表（两个工作表都有数据，也可能数据有不一样的）。选择"合并查询"→"将查询合并为新查询"命令，如图 4-23 所示。

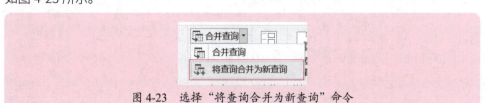

图 4-23 选择"将查询合并为新查询"命令

步骤6 打开"合并"对话框，进行如图 4-24 所示的设置。
(1) 在上、下两个下拉列表中，分别选择"表 A"和"表 B"。
(2) 在上、下两个下拉列表中，分别选择"姓名"列作为联接字段。

(3) 在"联接种类"下拉列表中选择"内部（仅限匹配行）"选项。

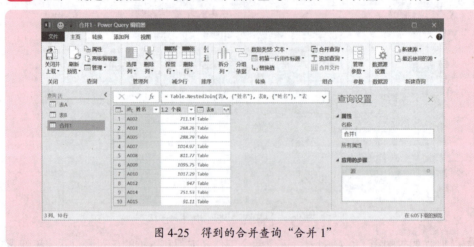

图 4-24　设置合并选项

步骤7 单击"确定"按钮，即可得到一个合并查询"合并1"，如图 4-25 所示。

图 4-25　得到的合并查询"合并1"

步骤8 单击"表 B"列右侧的按钮，展开筛选窗格，取消勾选"姓名"复选框，仅保留勾选"个税"复选框，如图 4-26 所示。

步骤9 单击"确定"按钮，即可得到如图 4-27 所示的查询表。

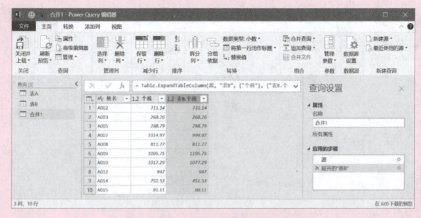

图 4-27　汇总两个表中都存在的个税数据

步骤10 选择"添加列"→"自定义列"命令，如图 4-28 所示。

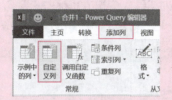

图 4-28　选择"自定义列"命令

步骤11 打开"自定义列"对话框，如图 4-29 所示，输入新列名为"个税差异"，自定义列公式如下：

=[个税]–[表 B. 个税]

图 4-29　添加自定义列"个税差异"

步骤12 单击"确定"按钮，即可得到如图 4-30 所示的新列"个税差异"。

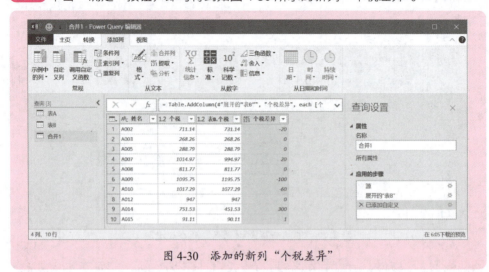

图 4-30　添加的新列"个税差异"

步骤13 将标题"个税"修改为"表 A 个税"，将标题"表 B. 个税"修改为"表 B 个税"，将默认的新查询名称"合并 1"修改为"两个表都有"，结果如图 4-31 所示。

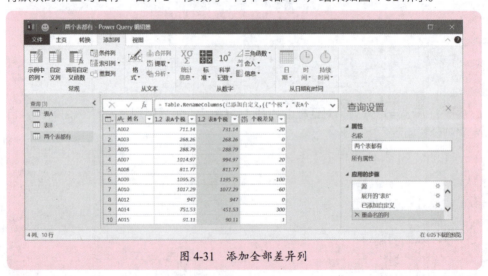

图 4-31　添加全部差异列

步骤14 制作"表 A"中有、"表 B"中没有的数据核对表。选择"合并查询"→"将查询合并为新查询"命令，打开"合并"对话框，进行如图 4-32 所示的设置。

（1）在上、下两个下拉列表中，分别选择"表 A"和"表 B"。
（2）在上、下两个下拉列表中，分别选择"姓名"列作为联接字段。
（3）在"联接种类"下拉列表中选择"左反（仅限第一个中的行）"。

步骤15 单击"确定"按钮，即可得一个新查询"合并 1"，如图 4-33 所示。

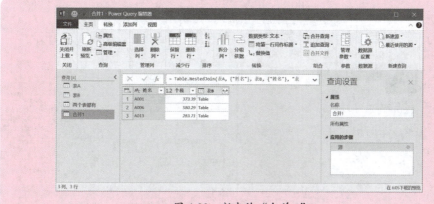

图 4-32　设置合并选项

图 4-33　新查询"合并 1"

步骤16 右侧的列"表 B"是没有数据的（因为是"左反"），因此删除该列，然后将查询重命名为"表 A 有表 B 没有"，如图 4-34 所示。

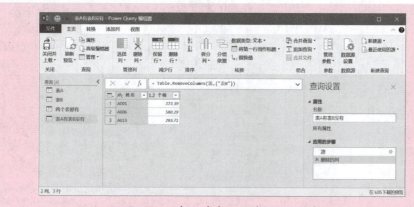

图 4-34　"表 A 有表 B 没有"的核对表

步骤17 依此方法,制作"表B有表A没有"的数据核对表,如图4-35所示。

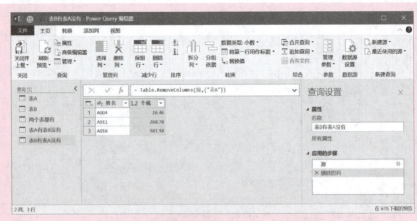

图4-35 "表B有表A没有"的核对表

步骤18 选择"文件"→"关闭并上载至"命令,如图4-36所示。
步骤19 打开"加载到"对话框,选中"仅创建连接"单选按钮,如图4-37所示。

图4-36 选择"关闭并上载至"命令　　图4-37 选中"仅创建连接"单选按钮

步骤20 单击"加载"按钮,即可在工作表的右侧显示5个连接,如图4-38所示。

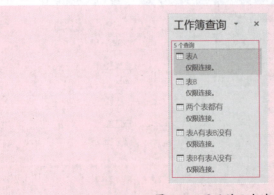

图4-38 显示的5个连接

步骤21 分别将核对结果表导入 Excel 中。右击"两个表都有",在弹出的快捷菜单中选择"加载到"命令,如图 4-39 所示,打开"加载到"对话框,选中"表"和"新建工作表"单选按钮,如图 4-40 所示。

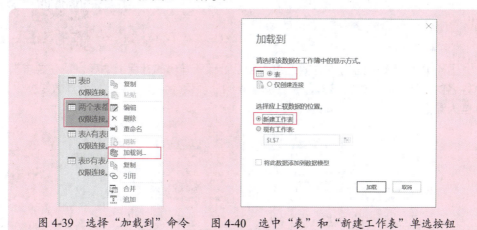

图 4-39 选择"加载到"命令　　图 4-40 选中"表"和"新建工作表"单选按钮

步骤22 单击"加载"按钮,即可得到"两个表都有"的核对结果表,如图 4-41 所示。

图 4-41 "两个表都有"的核对结果表

步骤23 依此方法,将其他两个核对表分别导入 Excel 中,如图 4-42 和图 4-43 所示。

图 4-42 "表 A 有表 B 没有"的核对结果表　　图 4-43 "表 B 有表 A 没有"的核对结果表

4.2 核对数据的经典案例

快速核对数据的方法有很多种,具体使用哪种方法,需要结合具体的表格结构选择。本节介绍财务工作中核对数据的常见问题。

4.2.1 实际案例 1：核对社保

案例 4-3 核对社保

图 4-44 所示是企业社保计算汇总表和从社保所导出的社保缴纳表，现在要求根据姓名对这两个表格进行核对，查看哪些人的三项保险金额对不上，差异数是多少；哪些人漏记了。

图 4-44 企业和社保所的社保金额表

解决这个问题使用多重合并计算数据区域透视表是最简单、效率最高的。下面是核对工作的主要步骤。

步骤1 按 Alt+D+P 组合键，打开"数据透视表和数据透视图向导 - 第 2b 步，共 3 步"对话框，添加两个工作表的数据区域，如图 4-45 所示。

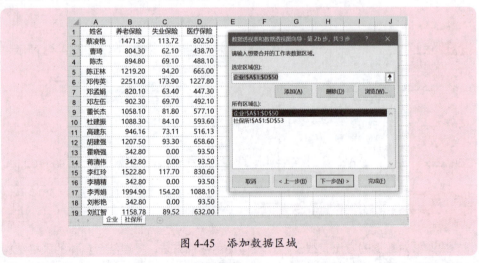

图 4-45 添加数据区域

这里要注意，在"所有区域"列表框中，第一个数据区域是"企业"工作表的，第二个数据区域是"社保所"工作表的，在完成的数据透视表中，它们的名字并不是"企业"和"社保所",而是默认的"项1"和"项2"。

步骤2 继续按照向导一步步往下设置,最后得到如图 4-46 所示的基本数据透视表。

图 4-46 创建的基本数据透视表

步骤3 将字段"页1"拖到"列"区域中,即可得到如图 4-47 所示的表格。

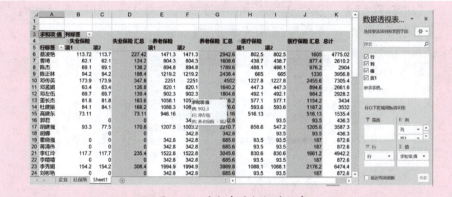

图 4-47 重新布局数据透视表

步骤4 格式化数据透视表,取消"总计"行,取消分类汇总,清除表格样式,设置为以表格形式显示,如图 4-48 所示。

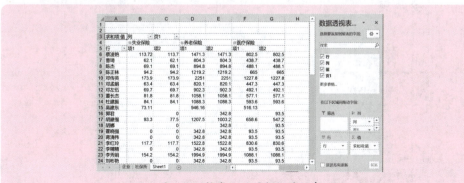

图 4-48 格式化后的数据透视表

步骤5 在步骤1中已经说明"项1"是"企业","项2"是"社保所",因此把这两个默认的项目名称"项1"和"项2"分别重命名为"企业"和"社保所",如图4-49所示。

图4-49 修改默认的"项1"和"项2"名称

步骤6 定位到"企业"或"社保所"所在的单元格,选择"分析"→"字段、项目和集"→"计算项"命令,为数据透视表中的字段"页1"插入一个计算项,名称为"差异",公式为"= 企业 - 社保所",如图4-50所示。

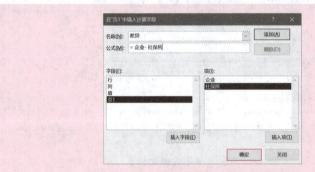

图4-50 插入计算项,计算两个表的差异值

步骤7 单击"确定"按钮,即可得到核对结果表,如图4-51所示。

图4-51 核对结果表

步骤8 图 4-51 的表格中有很多数字 0，影响阅读，可以在"Excel 选项"对话框中设置不显示工作表中的数字 0。最终效果如图 4-52 所示。

图 4-52 社保的核对结果表

如果要查看两个表格的所有社保项目总计的差异，将字段"列"拖出即可。

4.2.2 实际案例 2：核对内部往来账

案例 4-4 核对内部往来账

图 4-53 所示是一个内部往来账的原始数据的核对问题，在这个案例中，不能按照凭证号核对数据，而是利用摘要中的内部支票号进行核对。因此，在核对数据之前，需要先从摘要中提取内部支票号。

图 4-53 内部往来账的原始数据

这个问题的解决方法有很多种，可以使用函数先提取内部支票号再进行核对，也可以使用 Power Query 将数据的整理和比对一起完成。下面介绍如何使用 Power Query 一键完成该案例的数据核对。

步骤1 选择"数据"→"新建查询"→"从文件"→"从工作簿"命令，从文件夹中选择该案例的工作簿，打开"导航器"对话框，选择工作簿名称，如图 4-54 所示。

图 4-54 选择工作簿名称

步骤2 单击"转换数据"按钮,打开 Power Query 编辑器,如图 4-55 所示。

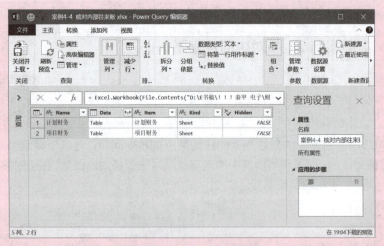

图 4-55 Power Query 编辑器

步骤3 删除右侧三列数据,仅保留左侧三列数据,然后单击字段 Data 右侧的展开按钮,保持选择默认字段,如图 4-56 所示。

图 4-56 展开字段 Data,保持选择默认字段

单击"确定"按钮，即可得到如图 4-57 所示的结果。

图 4-57　展开字段 Data 后的表格

步骤4　删除 Column1、Column2 和 Column3，保留其他列，如图 4-58 所示。

图 4-58　删除不必要的列

步骤5　选择"添加列"→"自定义列"命令，打开"自定义列"对话框，添加一个自定义列"内部支票号"，如图 4-59 所示，用于提取摘要中的内部支票号的公式如下：

=Text.Select([Column4],{"0".."9"})

图 4-59 自定义列"内部支票号"

单击"确定"按钮,即可得到如图 4-60 所示的表格。

图 4-60 添加自定义列"内部支票号"的结果

步骤6 从 Column4 列中筛选掉"摘要",再删除 Column4 列,结果如图 4-61 所示。

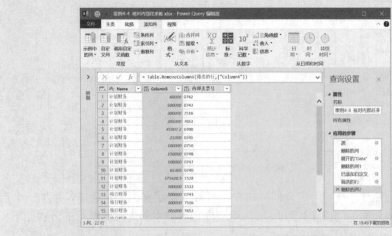

图 4-61 筛选掉"摘要"并删除旧表中的 Column4 列

步骤7 选择第一列，选择"转换"→"透视列"命令，如图 4-62 所示。

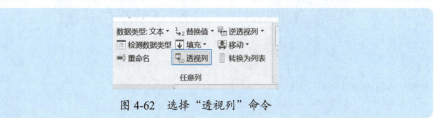

图 4-62 选择"透视列"命令

步骤8 在打开的"透视列"对话框中，"值列"选择 Column5，"聚合值函数"选择"求和"，如图 4-63 所示。

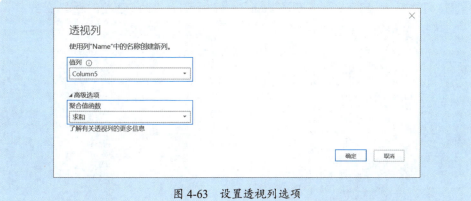

图 4-63 设置透视列选项

步骤9 单击"确定"按钮，即可得到如图 4-64 所示的结果，按照内部支票号列出"计划财务"和"项目财务"的值。

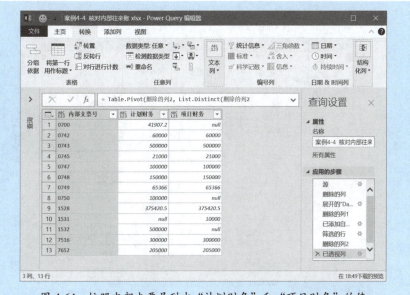

图 4-64 按照内部支票号列出"计划财务"和"项目财务"的值

步骤10 选择有 null 值的两列，选择"转换"→"替换值"命令，如图 4-65 所示，打开"替换值"对话框，将 null 值替换为 0，如图 4-66 所示。

图 4-65　选择"替换值"命令　　　　　图 4-66　将 null 值替换为 0

步骤11 再添加一个自定义列"差异"，如图 4-67 所示，计算两个表格的差异，公式如下：
=[计划财务]–[项目财务]

图 4-67　计算两个表格的差异

单击"确定"按钮，即可得到内部往来账的核对表，如图 4-68 所示。

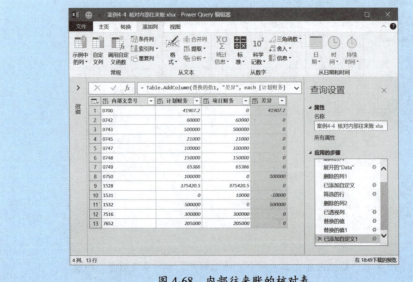

图 4-68　内部往来账的核对表

步骤12 最后将核对表导入 Excel 工作表中，如图 4-69 所示，这就完成了数据的核对工作。

图 4-69　内部往来账的核对结果

4.2.3 实际案例 3：银行对账

案例 4-5　银行对账

前面的案例是通过内部支票号进行对账，但是在银行对账中无法使用凭证号之类的数据进行核对，因为银行的记账号和企业的凭证号不同。此时的对账需要以发生额核对。

图 4-70 所示是企业内部的银行存款"明细账"和"银行对账单"，现在要求以金额核对借方和贷方，把对不上的那些数据找出来。

图 4-70　"明细账"和"银行对账单"的数据

银行对账的目的是核对每笔金额，因此，在进行对账时，最关心的是日记账上的借方金额和贷方金额，可以使用多重合并计算数据区域透视表进行对账。具体的操作步骤如下。

步骤1 将两个表格分别复制一份，重命名为"企业"和"银行"。

步骤2 仔细观察银行对账单数据，可以看出借方金额数字和贷方金额数字都是文本型数字，因此首先将这两列的文本型数字转换成纯数字。

步骤3 删除不必要的列，仅保留借方和贷方及它们左边的一列数据。

步骤4 把两个表格的借方标题和贷方标题修改为一致。例如，如果以企业日记账为基准，就把银行的"借方"标题修改为"贷方"，把银行的"贷方"标题修改为"借方"。

在核对金额时，要把企业的借方金额与银行的贷方金额进行比较，把企业的贷方金额与银行的借方金额进行比较，将两者的标题名称修改为一致，便于比较对应的发生额。修改标题后的表格如图 4-71 所示。

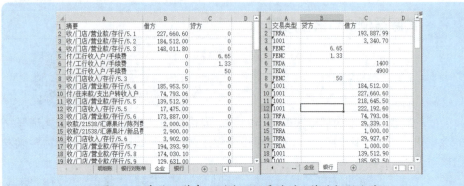

图 4-71　备份工作表，删除不必要的列，修改标题名称

步骤5 以工作表"企业"和"银行"制作多重合并计算数据区域透视表，如图 4-72 和图 4-73 所示。

图 4-72　添加数据区域

图 4-73　得到的基本数据透视表

步骤6 格式化数据透视表；删除默认的样式；将数据透视表的"总计"行取消；取消所有字段的分类汇总；将字段"值"的汇总依据由"计数"改为"求和"；从字段"列"

中取消勾选"凭证号"和"摘要"复选框，得到如图 4-74 所示的数据透视表。

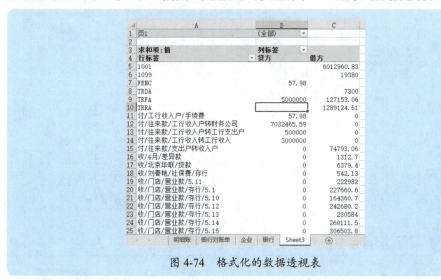

图 4-74　格式化的数据透视表

其实，字段"值"为计数时的统计结果，也反映了发生业务金额的笔数，因此从这个数字可以核对业务的笔数。

步骤7 将字段"行"拖出，将字段"页 1"拖至列标签区域，再从"数据透视表字段"列表中拖一个字段"值"到行标签区域，并取消字段的分类汇总，如图 4-75 所示，即可得到新布局下的数据透视表。

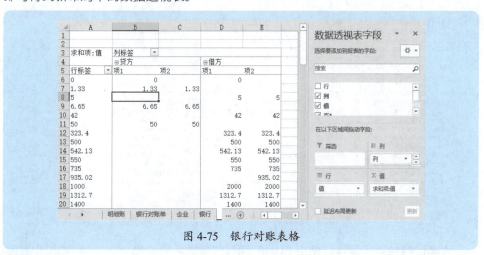

图 4-75　银行对账表格

步骤8 把"项 1"和"项 2"分别修改为"企业"和"银行"，并对 A 列的"行标签"数据进行降序排序，如图 4-76 所示。

步骤9 由于将金额作为"行标签"字段，因此不能为透视表添加计算项。此时，可以把透视表选择性粘贴为数值，然后插入辅助列，手工输入公式计算"差异"值，并重命名标题，不显示工作表中的 0，即得到最终的对账表格，如图 4-77 所示。

图 4-76　修改项目名称并排序　　　图 4-77　最终的对账表格

4.2.4　实际案例4：核对应付余额

案例 4-6　核对应付余额

　　从 ERP 系统中导出了一张应付款余额表，从 K3 系统中也导出了一张表，如图 4-78 所示。如何核对这两张表的借方和贷方是否一致？

图 4-78　从两个系统中导出的应付款余额表

　　本案例的核对问题可以使用 SUMIF 函数的模糊匹配求和功能或 VLOOKUP 函数的关键词查找功能解决，这两个函数都需要使用通配符来构建关键词条件。具体的操作步骤如下。

步骤1　以 ERP 系统的表格为基准，在该表格的最右边插入辅助列，各列单元格的公式如下：

（1）核对借方，在单元格 J2 中输入如下公式。

=VLOOKUP("*"&C2&"*",'K3'!A:C,2,0)

（2）核对贷方，在单元格 K2 中输入如下公式。

=VLOOKUP("*"&C2&"*",'K3'!A:C,3,0)

（3）计算余额，在单元格 L2 中输入如下公式。

=IF(H2=" 贷 ",K2−J2,J2−K2)

（4）计算两个表格的差异值，在单元格 M2 中输入如下公式。

=I2−L2

步骤2 拖动选中单元格区域 J2：M2，拖动填充柄至最后一行，应付余额的核对结果如图 4-79 所示。

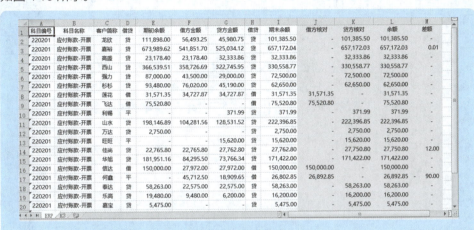

图 4-79　核对结果

第 5 章

财务报表的格式化与美化

很多人设计的财务报表阅读起来很不方便,一方面是表格结构不合理,另一方面是设置了大量的边框线,没有对表格数据添加特殊的标识,无法让人一目了然地获得需要的信息。

5.1 报表布局

表格的整体布局包括位置安排、网格线、颜色、字体、数字格式等，这些都需要精心设计，不仅可以让表格阅读起来更方便，也可以使表格界面看起来更美观。

5.1.1 在表格的左侧和顶部留空

图 5-1 所示为常见的表格布局，报表紧挨着左边的行号和上面的列标，感觉非常紧凑。如果把报表复制到 PPT 或者 Word 文件中，会发现有些边框消失了。

	A	B	C	D	E	F	G	H	I	J	K	L	M	N
1	2021年管理费用预算													
2	科目名称	1月	2月	3月	4月	5月	6月	7月	8月	9月	10月	11月	12月	合计
3	工资	236.45	242.20	257.14	251.57	251.57	245.19	185.50	186.41	185.33	226.76	233.31	216.24	2717.67
4	公积金	14.46	18.44	19.26	18.64	17.96	16.03	15.76	16.00	15.71	17.33	18.02	12.96	200.57
5	生产易耗品	6.25	4.97	10.08	3.84	1.54	6.27	11.38	2.44	100.80	2.67	4.97	5.10	160.32
6	福利费	3.45	2.70	4.09	0.00	0.00	6.25	0.00	0.00	9.79	0.00	9.03	3.20	38.49
7	折旧费	1.36	1.36	1.36	1.36	1.36	1.36	1.36	1.36	1.36	1.86	1.92	1.68	17.73
8	运输费	0.00	62.88	24.77	103.61	152.35	201.41	61.43	291.70	119.51	130.18	131.64	235.74	1515.21
9	差旅费	11.30	17.01	96.26	39.34	13.88	49.55	1.26	137.88	7.01	17.55	15.37	35.37	441.78
10	办公费	5.54	10.76	1.22	7.96	1.58	73.84	0.85	20.06	10.61	21.57	17.83	29.94	201.77
11	合计	278.82	360.32	414.19	426.32	440.26	599.90	277.55	655.85	450.12	417.92	432.09	540.22	5293.54
12														

图 5-1　常见的表格布局

图 5-1 中的表格虽然数据正确，但是不太美观，因为表格的数据与边距太小。最好的处理方式是，在表格的左侧和顶部留空，至少留出一个空列和一个空行，并适当调整空列的列宽和空行的行高，如图 5-2 所示。

	A	B	C	D	E	F	G	H	I	J	K	L	M	N	O
1															
2		2021年管理费用预算													
3															
4		科目名称	1月	2月	3月	4月	5月	6月	7月	8月	9月	10月	11月	12月	合计
5		工资	236.45	242.20	257.14	251.57	251.57	245.19	185.50	186.41	185.33	226.76	233.31	216.24	2717.67
6		公积金	14.46	18.44	19.26	18.64	17.96	16.03	15.76	16.00	15.71	17.33	18.02	12.96	200.57
7		生产易耗品	6.25	4.97	10.08	3.84	1.54	6.27	11.38	2.44	100.80	2.67	4.97	5.10	160.32
8		福利费	3.45	2.70	4.09	0.00	0.00	6.25	0.00	0.00	9.79	0.00	9.03	3.20	38.49
9		折旧费	1.36	1.36	1.36	1.36	1.36	1.36	1.36	1.36	1.36	1.86	1.92	1.68	17.73
10		运输费	0.00	62.88	24.77	103.61	152.35	201.41	61.43	291.70	119.51	130.18	131.64	235.74	1515.21
11		差旅费	11.30	17.01	96.26	39.34	13.88	49.55	1.26	137.88	7.01	17.55	15.37	35.37	441.78
12		办公费	5.54	10.76	1.22	7.96	1.58	73.84	0.85	20.06	10.61	21.57	17.83	29.94	201.77
13		合计	278.82	360.32	414.19	426.32	440.26	599.90	277.55	655.85	450.12	417.92	432.09	540.22	5293.54
14															

图 5-2　表格的左侧和顶部最好留空列和空行

5.1.2 设置边框和不显示网格线

表格的边框设置也是需要美感的，绝大多数人会设置成如图 5-3 所示的情形：全部加边框，导致数据分布过于密集，看起来很拥挤，阅读性很差。

图 5-3 全部设置边框的表格

一般来说，只在外边框和合计行用实线，如图 5-4 所示，这样表格看起来更清楚。为单元格设置边框后，最好不显示工作表的网格线，让工作表的背景是一张白纸。

图 5-4 合理设置边框和网格线

5.1.3 设置适合的行高与列宽

工作表默认的行高是 16.5 磅，列宽是 8.11 磅，也可能根据计算机的设置而略有不同。但是，往往需要根据实际情况调整默认的行高和列宽，至少列宽是必须调整的。一般把行高调整为 18 磅是比较合适的。图 5-5 所示就是将行高设置为 18 磅后的情况，与图 5-4 中的表格相比，看起来更清晰明了。

图 5-5 将行高设置为 18 磅的效果

5.1.4 设置字体和字号

Excel 中文界面中的默认字体基本上都是宋体，但宋体的数字看起来有点虚。每个人的习惯不同，审美不同，采用的字体也会不同。笔者喜欢把字体设置为微软雅黑或 Arial，而无论是宋体、微软雅黑还是 Arial，将字号设置为 10 号是比较好的。

图 5-6 所示为将字体设置为微软雅黑和 10 号字的效果。

图 5-6　设置字体和字号

5.1.5 设置数字的格式

财务人员必须把金额数字设置为会计格式，把销量设置为普通的带千分位符的数字（根据实际情况设置合适的小数点）。图 5-7 所示为将数字设置为会计格式后的图表，这样数字 0 就不会干扰表格的阅读性了。

图 5-7　将数字设置为会计格式

5.1.6 设置文字向右缩进

对于标题文字来说，大类和明细最好缩进显示，这样可以有比较清晰的层次感。可以使用缩进按钮对字符进行缩进，而不是强制在文字左边加空格。图 5-8 所示为将各项目费用的数据向右缩进一个字符，而顶端的标题和底部的"合计"左对齐。

图 5-8　设置文字向右缩进

5.1.7 设置单元格的填充颜色

对不同功能的区域，适当设置单元格的填充颜色是必要的，这样可以更清楚地显示哪些区域是标题，哪些区域是数字。但是，单元格的填充颜色应避免使用大红大绿的颜色，一般以淡灰色或淡青色最为适宜，如图 5-9 所示。

图 5-9　适当设置单元格的填充颜色

5.1.8 在表格顶部写上单位

如果表格中没有单位，其中的数字表示的金额是元、千元、万元还是百万元呢？记得在表格顶部的适当位置写上单位，这是非常重要的，如图 5-10 所示。

图 5-10　在表格顶部写上单位

5.2 使用自定义数字格式，增强数字的可阅读性

在财务分析表格中，通常需要将重点关注的数字用颜色标注出来，在很多情况下，这种标注是手工完成的，无法根据实际数据的变化自动更新。尤其是在预算分析中，预算执行差异的大小，预算内还是预算外，这种差异的自动标注尤为重要，不仅便于发现异常数字，而且提醒财务人员查找造成这种异常的原因及其解决方案。

在 Excel 中，使用自定义数字格式和条件格式这两个工具，可以实现异常数字标注的自动化。

5.2.1 自定义数字格式的基本方法

使用 Excel 的自定义数字格式可以在不改变数字本身的情况下，把数字显示为任意格式，其实质是设置单元格的自定义格式。

自定义数字格式是在"设置单元格格式"对话框中进行的，如图 5-11 所示。设置数字的自定义格式的操作步骤如下。

步骤1 选取要设置自定义格式的单元格区域。

步骤2 打开"设置单元格格式"对话框，在"分类"列表框中选择"自定义"选项，在"类型"文本框中输入自定义数字格式的代码。

步骤3 单击"确定"按钮，关闭对话框完成设置。

图 5-11 自定义数字格式

如果输入的自定义数字格式的代码正确，就会在"类型"文本框上面的"示例"框内显示正确的样式；如果输入的自定义数字格式的代码错误，就不会在"示例"框内显示任何样式。因此，通过"示例"框中的显示内容，可以判断输入的自定义数字格式的代码是否正确。

5.2.2 数字的自定义格式代码的结构

数字的自定义格式代码最多有四部分：第一部分为正数；第二部分为负数；第三

部分为零；第四部分为文本，各部分之间用分号隔开，格式如下：

正数；负数；零；文本

如果在格式代码中只指定两部分，则第一部分用于表示正数和零，第二部分用于表示负数。

如果在格式代码中只指定了一部分，则所有数字都会使用该格式。

如果在格式代码中要跳过某一部分，则对该部分仅使用分号即可。

例如，把正数、负数都缩小至原来的千分之一，并且小数点后显示两位小数，零值显示为 0，则设置自定义数字格式的代码如下：

0.00,;-0.00,;0

5.2.3 缩小位数显示数字

当表格的金额数字很大时，既不便于查看数据，又影响表格的美观。这时可以缩小位数显示数字，但并不改变数字的大小。缩小位数显示的数字也遵循四舍五入的规则。

例如，单元格中的数字是 13596704.65，缩小至原来的百分之一就是 13.60，但单元格中的数字仍然为 13596704.65，这样报表既便于查看数据又美观，也不影响数据处理与分析。

缩小位数显示数字的自定义格式代码见表 5-1。感兴趣的读者可以使用这些自定义格式代码对表格中的数字自定义格式。

表 5–1 缩小位数显示数字的自定义格式代码

缩小位数	自定义格式代码	原始数字	缩小位数后显示
缩小 100 位	0"."00	1034765747.52	10347657.48
缩小 1000 位	0.00,	1034765747.52	1034765.75
缩小 1 万位	0!.0,	1034765747.52	103476.6
缩小 10 万位	0!.00,	1034765747.52	10347.66
缩小 100 万位	0.00,,	1034765747.52	1034.77
缩小 1000 万位	0!.0,,	1034765747.52	103.5
缩小 1 亿位	0!.00,,	1034765747.52	10.35
缩小 10 亿位	0.00,,,	1034765747.52	1.03

在自定义格式代码中，还可以在格式代码前面或者后面加上各种货币符号、说明文字、特殊符号。

除了缩小至百分之一、万分之一、十万分之一、千万分之一、十亿分之一等几种特殊情况之外，还可以对缩小位数后的数字使用千分位符、货币符号等。

例如，将数字 1034765747.52 缩小 1000 位显示，可以有各种组合，见表 5-2，还可以显示千分位符和小数点位数。

显示千分位符的格式代码是：#,##。

显示小数点位数的格式代码是：0.00（假设显示两位小数）。

表 5–2　数字 1034765747.52 缩小 1000 位显示

自定义格式代码	显示效果
0.00,	1034765.75
$0.00,	$1034765.75
￥0.00,	￥1034765.75
#,##0.00,	1,034,765.75
$#,##0.00,	$1,034,765.75
#,##0.00, 千美元	1,034,765.75 千美元
▲ #,##0.00,	▲ 1,034,765.75

5.2.4　将数字显示为指定的颜色，并添加标识符号

在 Excel 的自定义格式代码中，还可以根据条件把数字设置为指定的颜色。

可以给数字设置 8 种颜色，分别是 [黑色]、[绿色]、[白色]、[蓝色]、[洋红色]、[黄色]、[蓝绿色]、[红色]，这些颜色名称必须用方括号"[]"括起来。

如果使用的 Excel 是英文版，则需要把方括号中颜色的中文名称改为英文名称，如蓝色和红色分别改为 Blue 和 Red。

在数字的前面也可以添加各种标识符号，如上箭头、下箭头等，以便醒目标识要重点关注的数字。某些特殊字符无法直接输入"设置单元格格式"对话框的"类型"文本框中，因此最好先将自定义代码写好，再将自定义代码的字符串复制粘贴到"类型"文本框中。

1. 绝对数字的显示

如图 5-12 所示，将数字显示为如下效果。

（1）正数显示为红色，前面加上三角符号"▲"。

（2）负数显示为蓝色，前面加下三角符号"▼"，不再显示负号。

（3）零值显示为减号"–"。

（4）数字缩小 1 万倍显示。

设置自定义格式代码如下：

▲ [红色]0!.0,;▼ [蓝色]0!.0,;–

	A	B	C	D	E
1					
2		原始数据		自定义格式	
3		37543.34		▲3.8	
4		0		-	
5		-3004108.22		▼300.4	
6		-184842.00		▼18.5	
7		18475839.23		▲1847.6	
8		0		-	
9		99385.00		▲9.9	
10		-485839.43		▼48.6	
11					

图 5-12 将数字显示为指定的格式

2. 百分比数字的显示

假设表格的数字是百分比，就需要使用百分比的格式来自定义百分比数字，自定义格式代码如下：

0.00%;–0.00%;0.00%

图 5-13 所示为每个产品的同比分析数据，数据以元为单位，因此数字很大，显得很乱。现在要求设置数字格式，设置后的效果如图 5-14 所示，具体的操作步骤如下。

	A	B	C	D	E	F
1						
2		产品	去年	今年	同比增减	同比增长
3		产品1	110539.01	94057.44	-16481.58	-14.91%
4		产品2	149987.29	108186.99	-41800.30	-27.87%
5		产品3	2022379.15	3567052.51	1544673.37	76.38%
6		产品4	147553.87	64589.16	-82964.71	-56.23%
7		产品5	1252437.21	2101398.58	848961.36	67.78%
8		产品6	3746592.53	4266127.70	519535.16	13.87%
9		产品7	159688.46	83676.63	-76011.83	-47.60%
10		合计	7589177.52	10285089.00	2695911.48	35.52%

	A	B	C	D	E	F
1						
2		产品	去年	今年	同比增减	同比增长
3		产品1	11.1	9.4	▼1.6	▼14.91%
4		产品2	15.0	10.8	▼4.2	▼27.87%
5		产品3	202.2	356.7	▲154.5	▲76.38%
6		产品4	14.8	6.5	▼8.3	▼56.23%
7		产品5	125.2	210.1	▲84.9	▲67.78%
8		产品6	374.7	426.6	▲52.0	▲13.87%
9		产品7	16.0	8.4	▼7.6	▼47.60%
10		合计	758.9	1028.5	▲269.6	▲35.52%

图 5-13 原始数据很乱   图 5-14 自定义数字格式很清晰

步骤1 把 C 列和 D 列的销售额缩小至万分之一显示，自定义数字格式如下：

0!.0,;0!.0,;0

步骤2 把 E 列的同比增减额显示为如下格式。

- 缩小至万分之一。
- 正数显示上三角符号"▲"，蓝色字体。
- 负数显示下三角符号"▼"，红色字体，不再显示负号。

自定义数字格式如下：

[蓝色] ▲ 0!.0,;[红色] ▼ 0!.0,;0

步骤3 把 F 列的同比增长率显示为如下格式。

- 仍为百分数。
- 正数显示上三角符号"▲"，蓝色字体。
- 负数显示下三角符号"▼"，红色字体，不再显示负号。

自定义数字格式如下：

[蓝色] ▲ 0.00%,;[红色] ▼ 0.00%,;0.00%

5.2.5 根据条件设置数字的自定义格式

在自定义格式代码中,还可以对数字大小进行比较判断,也就是设置条件表达式,根据判断结果设置数字的格式。这里需要注意的是,条件表达式要用方括号括起来。

如图 5-15 所示,是预算执行分析的示例数据,预算差异有正有负,执行率都是正的百分数。这里要求把预算差异和执行率显示为以下效果。

(1) 金额数字都缩小至千分之一,保留小数点后两位,显示千分位符;数字 0 显示为减号。

(2) 差异值中的正数显示为红色字体,左边添加上箭头;负数不显示负号,显示为蓝色字体,左边添加下箭头;零值显示为减号。

(3) 执行率大于 1 的设置为红色字体,仍按 0.00% 的格式显示,前面添加上箭头;执行率小于 1 的设置为蓝色字体,仍按 0.00% 的格式显示,前面添加下箭头;零值显示为减号。

自定义格式代码的设置分别如下。

(1) C 列和 D 列的预算数和实际数:

#,##0.00,;#,##0.00,;-

(2) E 列的差异数:

↑[红色]#,##0.00,;↓[蓝色]#,##0.00,;-

(3) F 列的执行率:

↑[红色][>=1]0.00%,;[<1]↓[蓝色]0.00%,;-

设置数字的自定义格式后,表格重点突出,如图 5-16 所示。

	A	B	C	D	E	F
1						
2		费用	预算	实际	差异	执行率
3		办公费	733861.32	698797.31	-35064.01	95.22%
4		差旅费	442738.75	495097.12	52358.37	111.83%
5		招待费	127745.10	96315.55	-31429.55	75.40%
6		租费	3671440.53	7312835.12	3641394.59	199.18%
7		交通费	742026.67	367616.40	-374410.27	49.54%
8		水电费	434111.25	403929.13	-30182.12	93.05%
9		广告费	478726.31	507087.13	28360.82	105.92%
10		合计	6630649.93	9661677.77	3251027.84	145.71%

图 5-15 原始数据显得很零乱

	A	B	C	D	E	F
1						
2		费用	预算	实际	差异	执行率
3		办公费	733.86	698.80	↓35.06	↓95.22%
4		差旅费	442.74	495.10	↑52.36	↑111.83%
5		招待费	127.75	96.32	↓31.43	↓75.40%
6		租费	3,671.44	7,312.84	↑3,641.39	↑199.18%
7		交通费	742.03	367.62	↓374.41	↓49.54%
8		水电费	434.11	403.93	↓30.18	↓93.05%
9		广告费	478.73	507.09	↑28.36	↑105.92%
10		合计	6,630.65	9,661.68	↑3,251.03	↑145.71%

图 5-16 设置格式后表格重点突出

5.2.6 自定义数据标签的数字格式

在绘制图表时,经常需要设计辅助区域,图表中会显示数据标签,但默认情况下,显示的数据标签不是想要的结果,此时可以设置数据标签的自定义格式。

案例 5-1 自定义图表中数据标签的格式（示例 1）

图 5-17 所示是根据左侧数据区域绘制的旋风图，必须设置辅助区域，将男、女人数分别设置为正数和负数才能绘制出来，但显示数据标签时，就不能显示负数了。

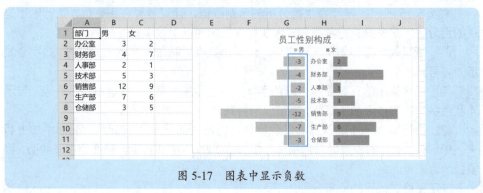

图 5-17 图表中显示负数

处理方法是设置数据标签的自定义数字格式，格式代码如下，显示结果如图 5-18 所示。

0;0;0

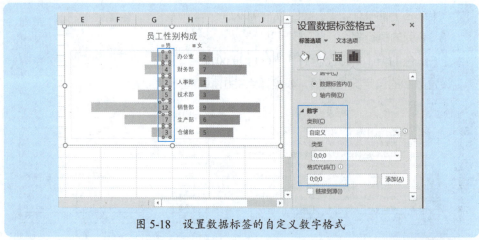

图 5-18 设置数据标签的自定义数字格式

案例 5-2 自定义图表中数据标签的格式（示例 2）

图 5-19 所示是柱形图的一个示例，把均值以下和均值以上的柱形设置为不同的颜色，这个图表也是使用辅助区域制作的，但在显示数据标签时出现了很多 0，因为空单元格显示的就是 0。

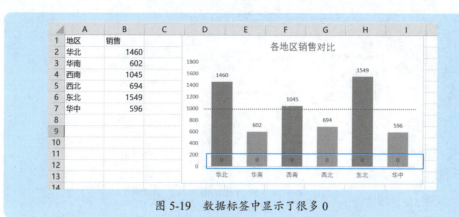

图 5-19　数据标签中显示了很多 0

可以通过自定义数字格式不显示这些 0，自定义数字格式代码如下，显示结果如图 5-20 所示。

0;–0;;

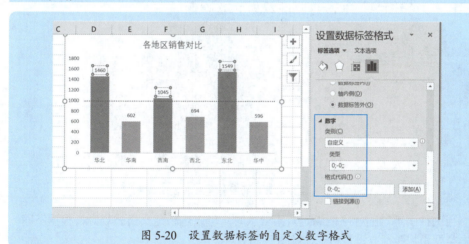

图 5-20　设置数据标签的自定义数字格式

5.3　利用条件格式自动标注重要数据

条件格式是 Excel 中一个极其有用的工具，不仅可以在数据管理中做到数据即将发生异常时提前提醒，还可以在现有数据的追踪分析中随时标注呈现不同变化的数据，从而使报表更加智能化。

5.3.1　数据条：标注呈现不同变化的数据

如果想要自动标注很多数据的不同变化程度，可以使用条件格式中的数据条。选择数据区域，选择"开始"→"条件格式"→"数据条"命令，即可自动标注不同数据的大小比较的可视化效果，而不影响数据本身，如图 5-21 所示。

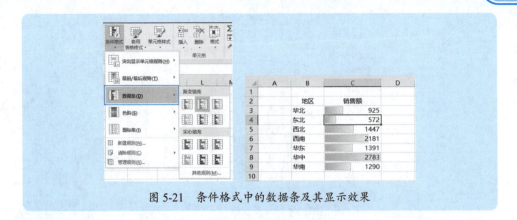

图 5-21　条件格式中的数据条及其显示效果

5.3.2 图标集：标准上升/下降和红绿灯效果

如果要把数据标注出标准上升/下降或者红绿灯的效果，可以选择"开始"→"条件格式"→"图标集"命令，如图 5-22 所示。

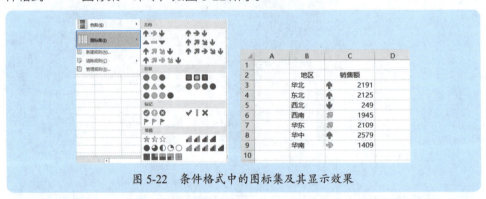

图 5-22　条件格式中的图标集及其显示效果

当这种固定的图标不能满足效果要求时，可以重新定义格式规则，根据不同的数据类型和判断标准设置格式，如图 5-23 所示。

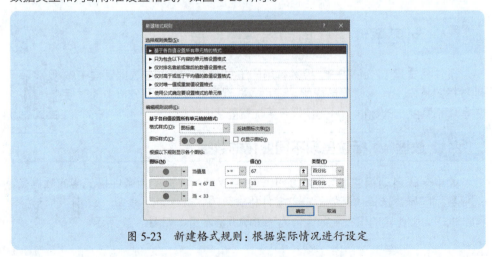

图 5-23　新建格式规则：根据实际情况进行设定

对表格中的同比增长率进行标注：大于 0 的是绿色的向上箭头，等于 0 的是黄色的水平箭头，小于 0 的是红色的向下箭头，则图标集的设置及效果如图 5-24 所示。

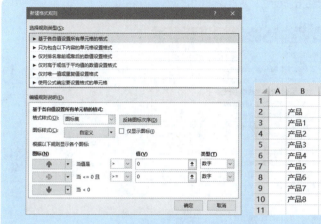

图 5-24　自定义图标集规则

这里要特别注意，由于比较的是同比增长率，它们实际上是小数，因此在"新建格式规则"对话框中要选择小数，而不能选择百分比。还要注意选择正确的比较方式，是大于（>）还是大于等于（>=），是小于（<）还是小于等于（<=），只要一个地方没设置好就不是需要的效果。

5.3.3　建立提前提醒模型，让数据追踪自动化

财务经理问："一星期内哪些客户的应收款要到期了？"生产经理对采购经理说："物料快不够了，要抓紧进货了啊！"人事经理说："这个月有些合同要到期了，我要提前做好准备了。"这些场景在数据管理中就是自动跟踪监控，如合同的提前提醒、应收账款的提前提醒、最低库存预警、最低资金持有量预警等。可以使用公式建立条件格式，实现数据的自动跟踪监控。

案例 5-3　提前提醒

图 5-25 所示为一个提前提醒的示例，用不同的颜色标注不同期限的数据。

图 5-25　应收账款提前提醒

要实现如图 5-25 所示的效果，需要在"新建格式规则"对话框中进行设置，在"选择规则类型"列表框中选择"使用公式确定要设置格式的单元格"选项，然后先设置公式再设置格式，如图 5-26 所示。

图 5-26 "新建格式规则"对话框

如果一次只建立一个条件格式,直接选择"开始"→"条件格式"→"新建规则"命令，就可以打开"新建格式规则"对话框。

如果要建立多个条件格式,多次执行同一操作会很麻烦,可以选择"开始"→"条件格式"→"管理规则"命令，打开"条件格式规则管理器"对话框,如图 5-27 所示，再单击"新建规则"按钮，打开"新建格式规则"对话框。

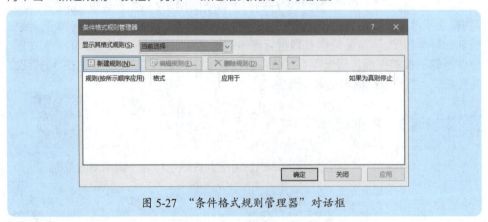

图 5-27 "条件格式规则管理器"对话框

设置本案例中条件格式的具体操作步骤如下。

步骤1 选择单元格区域 A2:E12。

步骤2 打开"条件格式规则管理器"对话框。

步骤3 设置过期数据的条件格式。单击"新建规则"按钮，打开"新建格式规则"对话框，选择"使用公式确定要设置格式的单元格"选项，在"为符合此公式的值设置格式"文本框中输入公式"=$E2<TODAY()",再单击"格式"按钮,设置单元格格式为灰色填充色,如图 5-28 所示。设置完成后关闭此对话框,返回"条件格式规则管理器"对话框。

图 5-28　设置条件格式

步骤4 设置其他情况的条件格式,方法与上面相同。各条件格式的公式如下。

当天到期:

=$E2=TODAY()

1 周内到期:

=AND($E2>TODAY(),$E2<TODAY()+7)

30 天内到期:

=AND($E2>=TODAY()+7,$E2<TODAY()+30)

设置完成后的"条件格式规则管理器"对话框如图 5-29 所示。

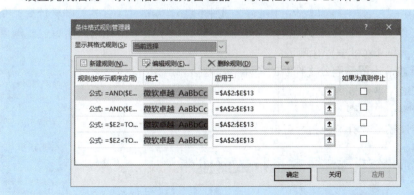

图 5-29　设置条件格式后的"条件格式规则管理器"对话框

5.3.4 使用公式设置条件格式的注意事项

图 5-28 中"使用公式确定要设置格式的单元格"这个规则类型的重点是如何构建条件公式。因此，如下几个非常重要的注意事项要牢记在心。

事项 1：条件公式计算的结果必须是逻辑值（TRUE 或 FALSE）。因此，要在公式中使用条件表达式或逻辑函数，或者用 IS 类信息函数。

事项 2：正确选择设置格式的单元格区域。如果要从第 2 行设置格式，就从第 2 行向下选择区域，不能选择整列。

例如，对单元格区域 B2:B20 中的日期设置条件格式，如果日期是今天，设置单元格字体为加粗黑色。

一般情况下，从上面第一个单元格 B2 开始向下选择单元格区域，也可以从最后一个单元格 B20 开始向上选择单元格区域。这两种选择数据区域的方式在设计公式的引用单元格时是完全不同的，前者的条件公式如下：

=B2=TODAY()

后者的条件公式如下：

=B20=TODAY()

用一句话总结，在条件公式中，引用的单元格必须是选择区域方向上的第一个单元格。

事项 3：绝对引用和相对引用。例如，要对单元格区域 A2:M100 设置条件格式，当 A 列的某个单元格有数据时，就为该单元格所在行设置边框。此时，条件公式为 "=$A2<>"""。因为选择了单元格区域 A2:M100，判断的依据总是 A 列的数据，所以 A 列是锁定的，是绝对引用；又因为每行是不同的数据记录，行是变化的，所以行是相对引用。

因此，在条件公式中，正确设置绝对引用和相对引用是非常重要的，与引用的是哪个单元格一样重要，关系到条件格式是否能够达到预期效果。

事项 4：大型表格中不建议使用条件公式来设置条件格式。公式意味着计算，有计算就会影响速度，即处理数据的效率低。只要编辑了某个单元格，所有公式就要重新计算，有时 Excel 会停止响应。

综上所述，设置使用公式判断的条件格式的核心点如下。

- 如何选择单元格区域。
- 引用哪个单元格。
- 怎样设置绝对引用和相对引用。

5.4 按照自己的要求进行数据排序

Excel 可以对字符、数字等数据按大小顺序进行升序或降序排列，要进行排序的数据称为关键字。不同类型的关键字的排序规则如下。

- 数值：按数值的大小。

- 字母：按字母的先后顺序。
- 日期：按日期的先后。
- 汉字：按汉字的拼音顺序或笔画顺序。
- 逻辑值：升序时，FALSE 排在 TRUE 前面；降序时相反，因为 TRUE 比 FALSE 大。
- 空格：总是排在最后。

以上是常规情况下的排序规则。在实际工作中，有时对数据的排序要求可能比较特殊，既不是按数值大小进行排序，也不是按汉字的拼音顺序或笔画顺序进行排序，而是按照自己指定的特殊次序进行排序。

例如，对总公司下的各分公司按照要求的顺序排序，按产品的种类或规格排序，对项目按照规定的名称次序排序等，这时就需要使用自定义排序了。

还有的情况希望在排序后能够恢复原来的次序，此时需要使用相关的技巧来实现。

5.4.1　自定义排序

案例 5-4　自定义排序

图 5-30 所示为管理费用汇总表，对 A 列的"科目名称"进行排序，通常会按照拼音顺序进行排序。

现在要求对 A 列的"科目名称"按照如图 5-31 所示规定的次序进行排序。

图 5-30　管理费用汇总表的原始数据

图 5-31　规定的次序

步骤1　在"自定义序列"工作表中把图 5-31 中的数据输入 A 列中。

步骤2　打开"Excel 选项"对话框，切换到"高级"分类，单击"编辑自定义列表"按钮，如图 5-32 所示。

图 5-32 "Excel 选项"对话框的"高级"页面

步骤3 单击"编辑自定义列表"按钮后，打开"选项"对话框，在对话框底部的"从单元格中导入序列"输入框中，先用鼠标选择"自定义序列"工作表的 A 列数据，再单击"导入"按钮，即可将该序列导入到自定义序列中，如图 5-33 所示，然后单击"确定"按钮关闭此对话框。

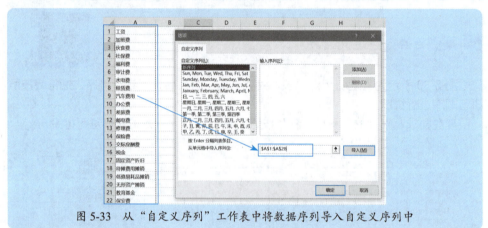

图 5-33 从"自定义序列"工作表中将数据序列导入自定义序列中

步骤4 对图 5-30 中原始数据 A 列的"科目名称"按照此自定义序列进行排序，具体方法如下。

(1) 单击"排序"按钮，打开"排序"对话框。
(2) 在"主要关键字"下拉列表中选择"科目名称"。
(3) 在"排序依据"下拉列表中选择"数值"。
(4) 在"次序"下拉列表中选择"自定义序列"，如图 5-34 所示。

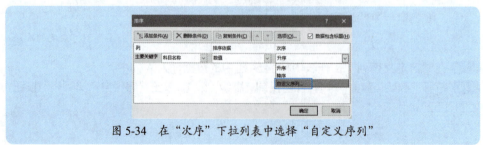

图 5-34 在"次序"下拉列表中选择"自定义序列"

(5) 打开"自定义序列"对话框,从"自定义序列"列表框中选择刚才添加的自定义序列,如图 5-35 所示。

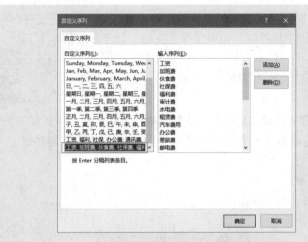

图 5-35 选择自定义序列

(6) 单击"确定"按钮,返回"排序"对话框,可以看到自定义序列已经显示出来,如图 5-36 所示。

图 5-36 选择自定义序列后的"排序"对话框

(7) 单击"确定"按钮,即可得到如图 5-37 所示的排序结果。

图 5-37 按照自定义次序的排序结果

5.4.2 先排序再恢复原始状态

数据区域一经排序，原始数据的先后顺序就会被打乱。如果还没有保存排序结果，可以按 Ctrl+Z 组合键撤销排序。如果保存了文档，就无法撤销排序了。

案例 5-5　先排序再恢复原始状态

为了能够在需要时将排序后的数据恢复为原始状态，可以采用如下方法。

步骤1 在数据区域右侧插入一个空白的辅助列"序号"，并输入自然数 1、2、3、…，如图 5-38 所示。

	A	B	C
1	项目	数据	序号
2	项目01	583	1
3	项目02	1176	2
4	项目03	1171	3
5	项目04	333	4
6	项目05	717	5
7	项目06	861	6
8	项目07	290	7
9	项目08	1018	8
10	项目09	585	9
11	项目10	1025	10

图 5-38　插入辅助列"序号"

步骤2 按照"数据"列进行降序排序，如图 5-39 所示。

	A	B	C
1	项目	数据	序号
2	项目02	1176	2
3	项目03	1171	3
4	项目10	1025	10
5	项目08	1018	8
6	项目06	861	6
7	项目05	717	5
8	项目09	585	9
9	项目01	583	1
10	项目04	333	4
11	项目07	290	7
12			

图 5-39　按照"数据"列进行降序排序

步骤3 要恢复数据的原始状态，按照辅助列"序号"进行升序排序即可。

第6章

财务管理中的常用函数与综合应用

无论是一个最简单的数据汇总表还是一个复杂的自动化数据分析模板,其中最核心的是各种计算公式,公式就是各种计算逻辑。公式如何运算?如何引用单元格?如何输入常量?如何抓住公式的核心——逻辑思路?本章会通过案例详细讲解这些问题。

6.1 公式的基本规则

在学习和运用函数之前，首先要了解公式的基本规则，才能从根本上解决不会使用 Excel 函数公式的问题。

6.1.1 什么是公式

简单来说，公式是以等号（=）开头的、用运算符将多个元素连接起来的表达式。在 Excel 中，凡是在单元格中先输入等号（=）再输入其他数据，Excel 就自动判断其为公式。例如，在单元格中输入"=100"，尽管该单元格显示的数据为 100，但它并不是数字 100，而是一个公式，其计算结果是 100。

6.1.2 公式中的元素

输入单元格中的计算公式由以下几种基本元素组成。

- 等号（=）：任何公式前面必须以等号（=）开头。
- 运算符：运算符是将多个参与计算的元素连接起来的运算符号。
- 常量：包括常数和字符串。常数是指值永远不变的数据，如 10.02、2000 等；字符串是指用双引号括起来的文本，如 "47838" 和 " 日期 " 等。
- 数组：在公式中可以使用数组，以创建更加复杂的公式。
- 单元格引用：是指以单元格地址或名称代表单元格中的数据进行计算。
- 工作表函数和它们的参数：公式中的元素可以是函数，如公式"=SUM(A1:A10)"就使用了 SUM 函数，A1:A10 就是 SUM 函数的参数。
- 括号：括号主要用于控制公式中各元素运算的先后顺序。要注意区别函数中的括号，函数中的括号是函数不可分割的一部分。

6.1.3 公式中的运算符

Excel 公式的运算符有引用运算符、算术运算符、文本运算符和比较运算符。下面简要介绍公式的运算符及其使用方法。

1. 引用运算符

引用运算符用于对单元格区域进行合并计算。常见的引用运算符有冒号（:）、逗号（,）和空格。

（1）冒号（:) 是区域运算符,用于对两个引用单元格之间的所有单元格进行引用，如 A1:B10 表示以 A1 为左上角、B10 为右下角的连续的单元格区域；A:A 表示整个 A 列；5:5 表示第 5 行。例如，公式"=SUM(A1:B10)"是对单元格区域 A1:B10 进行合计计算；公式"=SUM(A:A)"是对整个 A 列进行合计计算；公式"=SUM(5:5)"是对整个第 5 行进行合计计算。

(2) 逗号（,）是联合运算符，用于将多个引用合并。例如，公式"=SUM(A2:A6,A5:D5)"用于计算单元格区域 A2:A6 和 A5:D5 的数字总和。这里请注意，A5 单元格是两个单元格区域的交叉单元格，它被计算了两次。

(3) 空格是交叉运算符，用于对两个单元格区域的交叉单元格的引用。例如，公式"=B5:C5 C5:D5"的结果为返回 C5 单元格的数据；公式"=SUM(B5:D5 C5:E5)"则是将两个单元格区域 B5:D5 和 C5:E5 的交叉单元格区域 C5:D5 的数据进行合计。

2. 算术运算符

算术运算符用于完成基本的算术运算，按运算的先后顺序，算术运算符有负号（–）、百分数（%）、幂（^）、乘（*）、除（/）、加（+）、减（–）。

例如，公式"=A1*B1+C1"就是将 A1 和 B1 单元格中的数据相乘后再加上 C1 单元格中的数据；公式"=A1^(1/3)"就是求 A1 单元格中的数据的立方根；公式"=–A1"就是将 A1 单元格中的数字变为负数后输入到某个单元格中。

3. 文本运算符

文本运算符用于将两个或多个值连接或串起来产生一个连续的文本值，文本运算符主要是文本连接运算符"&"。例如，公式"=A1&A2&A3"就是将 A1、A2、A3 单元格中的数据连接起来组成一个新的文本。

4. 比较运算符

比较运算符用于比较两个值，并返回逻辑值 TRUE 或 FALSE。比较运算符有等于（=）、小于（<）、小于等于（<=）、大于（>）、大于等于（>=）、不等于（<>）。

例如，公式"=A1=A2"就是比较 A1 和 A2 单元格的值，如果 A1 的值等于 A2 的值，就返回 TRUE；否则返回 FALSE。有人会说，这个公式怎么有两个等号啊？注意，这个公式左边的第一个等号是公式的等号，而第二个等号是比较运算符。

6.1.4 公式中的常量

前面曾讲过，Excel 中处理的数据有三类：文本、日期和时间、数字。在公式或函数中输入常量时，要依据数据类型进行不同的处理。

(1) 文本：要用双引号括起来，如 " =" 客户 ""。如果在单元格中输入公式"="100""，得到的结果将不再是数字 100，而是文本型数字。

(2) 日期和时间：也要用双引号括起来，如 " ="2018-5-1"，="13:23:48""。如果直接输入公式"=2018-5-1"，就是减法运算了。

(3) 数字：直接输入即可。

6.1.5 公式中的标点符号

无论是在纯粹的公式（不用函数的公式）中输入标点符号，还是在函数参数中输入标点符号，需要注意的是，这些标点符号都必须是半角符号。

6.1.6 复制公式时合理设置相对引用和绝对引用

在引用单元格进行计算时，如果想要复制公式（俗称拉公式），要特别注意单元格引用位置是否随着公式的移动发生变化，也就是说，考虑单元格的引用方式是相对引用还是绝对引用，以免复制后的公式不是想要的结果。

1. 相对引用

相对引用也称相对地址，用列标和行号直接表示单元格，如 A2、B5 等。当某个单元格中的公式被复制到另一个单元格时，原单元格中公式的地址在新的单元格中就要发生变化，但其引用的单元格地址之间的相对位置保持不变。

在默认的情况下，输入的新公式使用相对引用。

2. 绝对引用

绝对引用又称绝对地址，在表示单元格的列标和行号前加"$"符号就是绝对引用，其特点是在将此单元格复制到新的单元格时，公式中引用的单元格地址始终保持不变。

例如，公式"=SUM($A$1:$A$10)"总是对单元格区域 A1:A10 进行合计，而不论该公式被复制到何处。

3. 混合引用

混合引用包括绝对列和相对行,或者绝对行和相对列。绝对引用列采用 $A1、$B1 等形式,就是列采用绝对引用，而行采用相对引用。绝对引用行采用 A$1、B$1 等形式，就是行采用绝对引用，而列采用相对引用。

如果改变公式所在单元格的位置，则相对引用将改变，而绝对引用不变。如果多行或多列地复制或填充公式，相对引用将自动调整，而绝对引用将不进行调整。

例如，单元格 A2 的公式是"=A$1"，将单元格 A2 复制到单元格 B3 时，单元格 B3 的计算公式就会调整为"=B$1"。

在需要快速输入大量公式，而这些公式中总是引用某个固定的行或固定的列时，混合引用是非常有用的。

4. 转换引用方式的小技巧：F4 键

引用方式之间转换的快捷方式是按 F4 键。循环按 F4 键，就会依照相对引用→绝对引用→列相对行绝对→列绝对行相对→相对引用这样的顺序循环下去。

合理使用引用方式，可以在复制公式时事半功倍。

5. 相对引用和绝对引用的应用实例

如图 6-1 所示的表格是计算各产品的销售额占销售总额的百分比，分别等于单元格 B2、B3、B4 和 B5 的数值除以单元格 B6 的数值。在各单元格的计算公式中，使用固定的单元格 B6 中的数值作为分母，因此在各单元格的计算公式中对单元格 B6 采用绝对引用。计算公式的分子是各产品的销售数据，因此分子采用相对引用。这样，在单元格 C2 中输入公式"=B2/$B$6"，然后向下复制到单元格 C6，即可得到各产品销售额的百分比。

图 6-1　相对引用和绝对引用的应用实例

6.2　函数的基本规则

Excel 中提供了大量的内置函数，利用这些函数进行数据计算与分析，不仅可以大大提高工作效率，而且不容易出错。还可以利用宏和 VBA 编写自定义函数，并像工作表函数那样使用。

其实，对于 Excel 的这些函数而言，经常使用的也就 20 个。因此，除了掌握必要的函数基本知识外，还应熟练掌握这 20 个常用函数。

6.2.1　什么是函数

函数就是在公式中使用的一种 Excel 内置工具，函数用来迅速完成简单的或复杂的计算，并得到计算结果。

大多数函数的计算结果是根据指定的参数值计算出来的，如公式"=SUM(A1:A10,100)"就是单元格区域 A1:A10 的合计值再加上 100。

也有一些函数不需要指定参数而直接得到计算结果，如公式"=TODAY()"就是得到系统的当前日期。

6.2.2　函数的基本语法

在使用函数时，必须遵循一定的规则，即函数都有基本语法。

- 有参数的函数的基本语法如下：

= 函数名 (参数 1, 参数 2, … , 参数 n)

- 没有参数的函数的基本语法如下：

= 函数名 ( )

在使用函数时，应注意以下几个问题。
- 函数也是公式，当公式中只有一个函数时，函数前面必须有等号（=）。
- 函数可以作为公式中表达式的一部分，或者作为另外一个函数的参数，此时在函数名前就不能输入等号了。
- 函数名与其后的小括号"("之间不能有空格。
- 参数的前后必须用小括号"（"和"）"括起来，也就是说，一对括号是函数的组成部分。如果函数没有参数，则函数名后面必须带有左右小括号"( )"。
- 当有多个参数时，参数之间要用逗号","分隔。
- 参数可以是数值、文本、逻辑值、单元格或单元格区域地址、名称，也可以是各种表达式或函数。
- 函数中的逗号","、双引号""""等都是半角字符，不能是全角字符。
- 在有些函数的参数中，某些参数可以是可选参数，这些参数是否输入具体的数据可以依实际情况而定。从语法上来说，不输入这些可选参数是合法的。

6.2.3 函数参数的类型

前面已经提到，函数的参数可以是数值、文本、逻辑值、单元格或单元格区域地址、名称，也可以是各种表达式或函数，或者根本没有参数。函数的参数具体是哪种类型，可以根据实际情况灵活确定。

例如，要获取系统的当前日期和时间，可以在单元格中输入如下没有任何参数的公式。

=NOW()

如果为单元格区域 A1:A100 定义了名称 Data，就可以在函数中直接使用这个名称。如下两个公式的结果是完全一样的。

=SUM(A1:A100)
=SUM(Data)

函数的参数还可以是另外一个函数，称为嵌套函数。例如，如下公式就是联合使用 INDEX 函数和 MATCH 函数查找数据，MATCH 函数的结果是 INDEX 函数的参数。

=INDEX(B2:C4,MATCH(E2,A2:A4,0),MATCH(E1,B1:C1,0))

更为复杂和高级的情况是：函数的参数还可以是数组。例如，如下公式判断单元格 A1 中的数字是否为 1、5、9，只要是其中的任何一个，公式就返回 TRUE；否则返回 FALSE。

=OR(A1={1,5,9})

总之，函数的参数可以是多种多样的，要根据实际情况采用不同的参数类型。

6.2.4 培养输入函数的好习惯

很多人在单元格中输入函数时，特别喜欢逐个字母、逗号、括号地输入，这样很容易出错，即使对函数的语法比较熟悉，也容易搞错参数、漏掉参数、逗号加错位置，或者括号加错位置。

输入函数的最好方法是单击编辑栏中的插入函数按钮，打开"函数参数"对话框，即可快速准确地输入函数的参数。

图 6-2 所示是 VLOOKUP 函数的参数对话框，将光标移到每个参数的输入框中，

就可以看到该参数的含义。如果不清楚函数的使用方法，还可以单击对话框左下角的"有关该函数的帮助"选项，打开帮助信息进行查看。

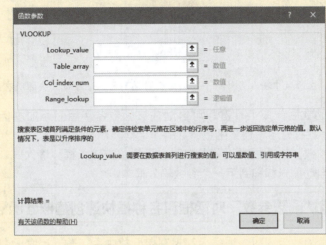

图 6-2 "函数参数"对话框

6.3 创建公式的实用技能技巧

可以使用函数创建复杂的公式，但需要掌握几个实用的技能技巧，包括：
- 如何快速输入函数。
- 如何快速输入嵌套函数。

6.3.1 快速输入函数

Excel 中提供了非常快捷的函数输入方法，在单元格中直接输入函数时，只要输入某个字母，就会自动列出以该字母开头的所有函数列表。如图 6-3 所示，输入字母 SUM 后，在提示框中显示所有以字母 SUM 开头的函数列表，可以方便地选择输入函数。

图 6-3 自动列出以字母 SUM 开头的所有函数

如果在函数中又输入了另外一个函数，同样会显示以某字母开头的函数列表，如图 6-4 所示。

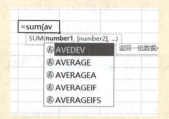

图 6-4 在函数中输入另外一个函数时会自动列出以某字母开头的所有函数

选择某个函数后，按 Tab 键即可自动在该函数名字后面添加左括号，然后按 Ctrl+A 组合键，就打开了设置该函数参数的对话框。

在"函数参数"对话框中设置参数时，无须单击输入框，输入一个参数后，直接按 Tab 键，自动把光标移到下一个参数输入框中。

6.3.2 利用"函数参数"对话框和名称框快速创建嵌套函数公式

在输入嵌套函数公式时，很多人都是在单元格中手工输入嵌套函数公式，非常容易出错。下面介绍使用"函数参数"对话框和名称框快速输入嵌套函数公式的方法。

案例 6-1　快速创建嵌套函数公式

图 6-5 所示是要根据"司龄"计算"公司假"的表格，需要嵌套 3 个 IF 函数设计公式。联合使用"函数参数"对话框和名称框来输入嵌套函数公式的具体步骤如下。

	A	B	C	D	E	F	G
1	姓名	司龄	公司假（天）				
2	A001	10				公司假：	天数
3	A002	1				不满1年	0
4	A003	7				满1年不满5年	2
5	A004	27				满5年不满10年	6
6	A005	19				10年以上	12
7	A006	14					
8	A007	21					
9	A008	9					
10	A009	20					
11	A010	25					
12	A011	5					
13	A012	0					
14	A013	8					
15							

图 6-5　根据"司龄"计算"公司假"

步骤1 在 C2 单元格中，单击"插入函数"按钮 f_x，打开第 1 个 IF 函数的"函数参数"对话框，输入条件表达式和条件成立的结果，如图 6-6 所示。

步骤2 将光标移到 IF 函数的第 3 个参数输入框中，单击名称框中出现的 IF 函数，如图 6-7 所示。如果没出现，就单击名称框右侧的下拉按钮，展开函数列表，把 IF 函数找出来。

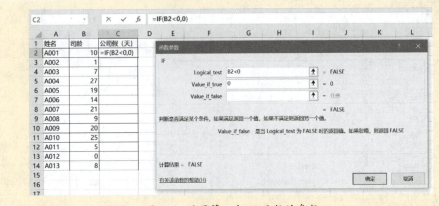

图 6-6 设置第 1 个 IF 函数的参数

图 6-7 在公式编辑栏左侧的名称框中显示 IF 函数

单击图 6-7 中名称框中的 IF 函数,即可打开第 2 个 IF 函数的"函数参数"对话框,设置该函数的条件表达式和条件成立的结果,如图 6-8 所示。

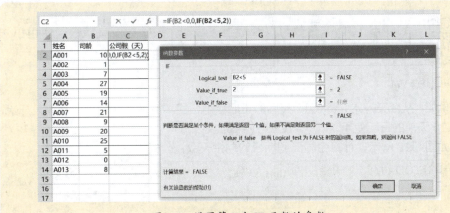

图 6-8 设置第 2 个 IF 函数的参数

步骤3 将光标移到 IF 函数的第 3 个参数输入框中,单击名称框中的 IF 函数,打开第 3 个 IF 函数的"函数参数"对话框,设置该函数的条件表达式和条件成立的结果,以及条件不成立的最后一个结果,如图 6-9 所示。

步骤4 单击"确定"按钮,完成公式输入。C2 单元格的公式如下:

=IF(B2<0,0,IF(B2<5,2,IF(B2<10,6,12)))

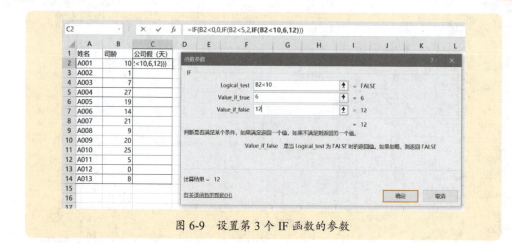

图 6-9 设置第 3 个 IF 函数的参数

6.4 日期计算的常用函数及其应用

日期是一个重要的数据，日常工作中经常需要对日期进行计算，如计算合同到期日、计算年龄、计算工龄等，此时可以使用日期函数。

6.4.1 获取当天日期：TODAY 函数

使用 TODAY 函数可以获取当天日期，该函数没有参数，使用语法如下：

=TODAY()

例如，从今天开始，获取 10 天后的日期使用公式"=TODAY()+10"，从今天开始，获取 10 天前的日期使用公式"=TODAY()–10"。

如图 6-10 所示，计算合同离到期日的剩余天数，公式如下：

=B3–TODAY()

图 6-10 计算合同离到期日的剩余天数

每次打开含有 TODAY 函数的工作表时，TODAY 函数都会重新进行计算，并自动更新为当天的日期，在关闭工作簿时，也会提醒用户是否保存对工作簿的修改。

6.4.2 获取当天日期和当前时间：NOW 函数

TODAY 函数得到的是一个不带时间的日期，也就是一个正整数。

使用 NOW 函数不仅可以得到当天的日期，而且可以得到运行工作表时的当前时间，因此 NOW 函数得到的不是一个正整数，而是一个带小数点的正数。

例如，当前日期是 2021 年 6 月 3 日，当前时间是 20:29:26，使用 TODAY 函数的结果是 2021-6-3（即 44350），而使用 NOW 函数的结果是 44350.85315。

因此，函数 TODAY 的结果与函数 NOW 的结果是不一样的。

6.4.3 计算到期日：EDATE 函数

EDATE 函数用来计算指定日期之前或之后几个月的日期，即给定了期限（月数）后计算到期日。其使用语法如下：

=EDATE(指定日期 , 以月数表示的期限)

例如，在单元格 B2 中保存一个日期，计算这个日期之后 5 个月的日期。

=EDATE(B2,5)

计算这个日期之前 5 个月的日期。

=EDATE(B2,–5)

从今天开始，计算 3 年 5 个月后的日期。

=EDATE(TODAY(),3*12+5)

EDATE 函数得到的结果是一个常规的数字，因此需要把单元格的格式设置为日期格式。

图 6-11 所示是计算合同到期日的示例，D2 单元格的计算公式如下：

=EDATE(B2,C2*12)–1

	A	B	C	D	E
1	合同	签到日期	期限(年)	到期日	
2	A001	2019-6-29	2	2021-6-28	
3	A002	2019-5-20	3	2022-5-19	
4	A003	2020-7-21	1	2021-7-20	
5	A004	2019-11-21	2	2021-11-20	
6	A005	2021-8-21	1	2022-8-20	

图 6-11　计算合同到期日

6.4.4 计算月底日期：EOMONTH 函数

EOMONTH 函数用来计算指定日期之前或之后几个月的月底日期，与 EDATE 函数一样，即给定了期限后计算到期日。其使用语法如下：

=EOMONTH(指定日期,以月数表示的期限)

例如,在单元格 B2 中保存了一个日期,计算这个日期之后 5 个月的月底日期:

=EOMONTH(B2,5)

计算这个日期之前 5 个月的月底日期。

=EOMONTH(B2,–5)

从今天开始,计算 3 年 5 个月后的月底日期。

=EOMONTH(TODAY(),3*12+5)

EOMONTH 函数的用法与 EDATE 函数的用法完全一样。

例如,如果付款截止日是收到发票后下个月的 20 号,计算公式如下(假如收票日期保存在单元格 B2 中):

=EOMONTH(B2,0)+20

如果使用常规的方法计算,需要写一个比较长的公式。

=DATE(YEAR(B9), MONTH(B9)+1,20)

6.4.5 计算两个日期之间的期限: DATEDIF 函数

DATEDIF 函数用于计算在指定类型下两个日期之间的期限。该函数的使用语法如下:

=DATEDIF(开始日期,截止日期,格式代码)

函数中"格式代码"的意义如下(字母不区分大小写)。

- Y:时间段中的总年数。
- M:时间段中的总月数。
- D:时间段中的总天数。
- YM:两个日期中多出的整数月数,忽略日期数据中的年和日。
- MD:两个日期中多出的天数,忽略日期数据中的年和月。

例如,某职员的入职时间为 2001 年 3 月 20 日,离职时间为 2018 年 5 月 28 日,计算他在公司工作了多少年、零多少月和零多少天。

整数年: =DATEDIF("2001-3-20","2018-5-28","Y"),结果是 17。

零多少月: =DATEDIF("2001-3-20","2018-5-28","YM"),结果是 2。

零多少天: =DATEDIF("2001-3-20","2018-5-28","MD"),结果是 8。

DATEDIF 函数是隐藏函数,在"插入函数"对话框中是找不到的,因此需要在单元格中手工输入。

在使用 DATEDIF 函数时,一个重要的注意事项就是两个日期的统一标准问题。在计算期限时,如果开始日期是月初,截止日期也要求是月初;如果开始日期是月末,截止日期也要求是月末。

例如,开始日期是 2020-10-1,截止日期是 2021-9-30,要计算这两个日期之间的总月数,很显然应该是 12 个月,但是,使用如下公式计算,得到的结果是 11 个月。

=DATEDIF("2020-10-1","2021-9-30","M")

要想得到正确的结果，公式应该改为：

=DATEDIF("2020-10-1","2021-9-30"+1,"M")

或者

=DATEDIF("2020-10-1"-1,"2021-9-30","M")

6.4.6 将年、月和日三个数字组合成日期：DATE 函数

如果要将年、月、日三个数字组合成日期，很多人会设计这样的公式：

=A2&"-"&B2&"-"&C2

这样组合得到的并不是日期，而是文本，在第 1 章中已经强调过，日期是正整数。这样强制连接得到的是文本，无法参与日期数字的计算，用这种方法得来的结果也容易出错。

正确的方法是使用 DATE 函数，公式如下：

=DATE(A2,B2,C2)

DATE 函数就是把年、月、日三个数字组合成正确的日期，语法如下：

=DATE(年数字 , 月数字 , 日数字)

6.4.7 计算星期几：WEEKDAY 函数

如果要计算出某天是星期几，可以使用 WEEKDAY 函数。
WEEKDAY 函数的使用语法如下：

=WEEKDAY(日期，星期制标准代码)

这里，如果忽略"星期制标准代码"或者设为 1，该函数就按照国际星期制计算，也就是每周从星期日开始，这样该函数得到的结果中，1 代表星期日，2 代表星期一，以此类推。

如果"星期制标准代码"设为 2，该函数就按照中国星期制计算，也就是每周从星期一开始，这样该函数得到的结果中，1 代表星期一，2 代表星期二，以此类推。

例如，对于日期"2021-6-3"，如 3 个公式的结果是不一样的。

=WEEKDAY("2021-6-3")，结果是 5（星期四）
=WEEKDAY("2021-6-3",1)，结果是 5（星期四）
=WEEKDAY("2021-6-3",2)，结果是 4（星期四）

可以使用 WEEKDAY 函数及自定义数字格式和条件格式来设置动态的考勤表、日程表等，详细操作请观看本小节视频。

6.4.8 实用公式：判断指定日期所在的时间区间

图 6-12 所示是判断当天所在的时间区间的实用计算公式，可供读者参考使用。

图 6-12 计算指定日期所在的时间区间

6.5 处理文本数据的常用函数及其应用

文本函数主要用于处理文本数据，如从文本字符中提取某段字符、将数字转换为文本、替换文本、连接字符串等。文本函数大约有 40 个，在实际工作中常用的文本函数包括 LEFT、RIGHT、MID、FIND、SUBSTITUTE、TEXT 等。

6.5.1 截取一段字符：LEFT 函数、RIGHT 函数和 MID 函数

从一个字符串中截取一段字符，根据具体要求，可以使用 LEFT 函数、RIGHT 函数、MID 函数，这 3 个函数的语法如下：

=LEFT(字符串，从左边第一个字符开始向右要截取的字符个数)
=RIGHT(字符串，从右边第一个字符开始向左要截取的字符个数)
=MID(字符串，从左边开始截取的位置， 截取的字符个数)

这 3 个函数用起来比较简单，下面看两个简单的例子。

示例 1：如图 6-13 所示，A 列中是开户行及账号，二者连起来放在一个单元格中，现在要把账号和开户行分成两列。仔细观察数据的特征，发现账号都是 12 位数，并且都在左边，这样可以使用 LEFT 函数从左边把账号取出，使用 MID 函数或 RIGHT 函数把右边的开户行取出。

单元格 B2 的公式如下：

=LEFT(A2,12)

单元格 C2 的公式如下：

=MID(A2,13,99)

在后一个公式中将 MID 函数的第 3 个参数取为 99，因为开户行名称的长度不一样，但是一般情况下开户行名称不会超过 99 个字符。当然，也可以不使用 99，而使用一个更大的数字。

也可以使用 RIGHT 函数来提取开户行：

=RIGHT(A2,LEN(A2)–12)

	A	B	C
1	开户行及账号	账号	开户行
2	090110220254招行唐山分行	090110220254	招行唐山分行
3	100030460148招行北京分行四环路支行	100030460148	招行北京分行四环路支行
4	090110260258招行唐山分行	090110260258	招行唐山分行
5	090110700911海通证券学院路营业部	090110700911	海通证券学院路营业部
6	090100980836北京中信海淀支行	090100980836	北京中信海淀支行
7	090100990837北京中信西城支行	090100990837	北京中信西城支行
8			

图 6-13　分离账号和开户行名称

示例 2：图 6-14 所示是一个类似的问题，只不过编码数字在左边，名称汉字在右边，此时设置计算公式（先取名称简单）如下：

单元格 B2 的公式如下：

=LEFT(A2,2*LEN(A2)–LENB(A2))

单元格 C2 的公式如下：

=RIGHT(A2,LENB(A2)–LEN(A2))

公式的核心逻辑是：1 个数字（为半角字符）占 1 字节，1 个汉字（为全角字符）占 2 字节，1 个汉字比 1 个数字多 1 字节，只要能够算出来字节数比字符数多了几个，就知道有几个汉字了。

	A	B	C
1	项目	编码	名称
2	1001010012现金	1001010012	现金
3	10010100银行存款	10010100	银行存款
4	1001010104承兑汇票	1001010104	承兑汇票
5	100101024532其他货币资金	100101024532	其他货币资金

图 6-14　分列"编码"和"名称"

6.5.2 查找指定字符在字符串中的位置：FIND 函数

查找字符位置可以使用 FIND 函数（它区分大小写,如果不区分大小写,可以使用 SEARCH 函数），语法如下：

=FIND(要查找的字符，字符串，起始位置)

例如，字母 E 在字符串"财务人员 Excel 应用技能"中的位置，从左边第一个开始数，是 5，字母 e 在该字符串中的位置是 8，公式分别如下：

=FIND("E"," 财务人员 Excel 应用技能 ")

=FIND("e"," 财务人员 Excel 应用技能 ")

联合使用 FIND 函数和 LEFT、RIGHT、MID 函数，可以从字符串中某个特定的位置提取需要的信息。

图 6-15 所示是一个简单的示例,要求从 B 列的摘要中提取出斜杠(/)后面的金额。

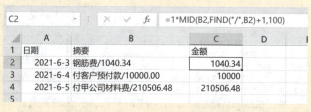

图 6-15 从摘要中提取金额

这个问题的思路是：只要找出斜杠（/）的位置，斜杠（/）右边就是要取出的金额数字，单元格 C2 的公式如下：

=1*MID(B2,FIND("/",B2)+1,100)

这里，将 MID 函数的结果乘以 1，是为了将文本型数字转换为纯数字。

6.5.3 替换固定位数的字符：SUBSTITUTE 函数

SUBSTITUTE 函数的功能是把一个字符串中指定的字符替换为新的字符。这个函数更多的是用在数据分析模板中，直接处理数据。

SUBSTITUTE 函数的语法如下：

= SUBSTITUTE(字符串，旧字符，新字符，替换第几个出现的)

例如，下面的公式是将字符串"北京市，海淀区，学院路，30 号"中的所有逗号清除。

=SUBSTITUTE("北京市，海淀区，学院路，30 号","，","")

结果为"北京市海淀区学院路 30 号"。

图 6-16 所示是一个简单的示例，目前只有 A 列和 B 列的数据，现在要提取每个现金卡的张数，并计算各种卡内的总金额。

图 6-16 计算卡内的总金额

分析数据的特征，只要把单位"元"删除，剩下的就是面值的金额。
单元格 C2 的公式如下：

=1*SUBSTITUTE(A2," 元 ","")

单元格 D2 的公式如下：

=B2*C2

6.5.4 把数字和日期转换为指定格式的文本：TEXT 函数

在很多财务经营分析报告中，都需要根据 ERP 中导出的原始数据进行汇总分析，此时，需要认真研究原始数据的逻辑特征，以及分析报告的架构，利用相关函数进行格式转换，以达成无缝对接的效果。在大部分的数据格式转换中，TEXT 函数是一个不可或缺的格式转换函数。

TEXT 函数的功能是把一个数字（日期和时间也是数字）转换为指定格式的文字。该函数的语法如下：

=TEXT(数字，格式代码)

这里的格式代码需要自行指定。对于不同的格式文本，其格式代码是不同的。常用的日期、数字格式及其含义见表 6-1。

表 6-1 常用的日期、数字格式及其含义

格式代码	含 义	示 例	结果（文本）
000000	将数字转换成 6 位的文本	=TEXT(123,"000000")	000123
0.00%	将数字转换成百分比表示的文本	=TEXT(0.1234,"0.00%")	12.34%
0!.0, 万元	将数字缩至万分之一，加单位万元	=TEXT(8590875.24,"0!.0, 万元 ")	859.1 万元
0 月	将数字转换成 "0 月" 文本	=TEXT(9,"0 月 ")	9 月
yyyy-m-d	将日期转换为 "yyyy-m-d" 格式	=TEXT("2017-10-23","yyyy-m-d")	2017-10-23
yyyy-m	将日期转换为 "yyyy-m" 格式	=TEXT("2017-10-23","yyyy-m")	2017-10
yyy 年 m 月	将日期转换为 "yyy 年 m 月" 格式	=TEXT("2017-10-23","yyyy 年 m 月 ")	2017 年 10 月
m 月	将日期转换为中文月份名称	=TEXT("2017-10-23","m 月 ")	10 月
mmm	将日期转换为英文月份简称	=TEXT("2017-10-23","mmm")	Oct
aaaa	将日期转换为中文星期全称	=TEXT("2017-10-23","aaaa")	星期一
aaa	将日期转换为中文星期简称	=TEXT("2017-10-23","aaa")	一
dddd	将日期转换为英文星期全称	=TEXT("2017-10-23","dddd")	Monday
ddd	将日期转换为英文星期简称	=TEXT("2017-10-23","ddd")	Mon

例如，将日期 "2021-6-3" 转换为英文星期全称，公式如下，结果是 Thursday。

=TEXT("2021-6-3","dddd")

如图 6-17 所示，单元格 C2 的公式为 "=B2/SUM(B2:B20)"，假设其结果显示为 14.01%，现在要做一个字符串文字 "产品 A 占比 14.01%"，是不能直接连接单元格的结果的，因为单元格显示的仅仅是单元格格式，单元格中的数字仍然是小数。

错误的公式如下：

=A2&" 占比 "&C2

正确的公式如下：

=A2&" 占比 "&TEXT(C2,"0.00%")

	A	B	C	D	E
1	产品	销售额	占比	要做成的文字--错误	要做成的文字--正确
2	产品A	398	14.01%	产品A占比0.140091517071454	产品A占比14.01%
3	产品B	767	27.00%	产品B占比0.269975360788455	产品B占比27.00%
4	产品C	213	7.50%	产品C占比0.074973600844773	产品C占比7.50%
5	产品D	987	34.74%	产品D占比0.347412882787751	产品D占比34.74%
6	产品E	476	16.75%	产品E占比0.167546638507568	产品E占比16.75%
7	合计	2841	100.00%		
8					

图 6-17　示例数据及字符串的连接结果

6.6　逻辑判断函数及其应用

逻辑判断函数是 Excel 中最基础的函数，不仅仅是函数本身很基础，通过这些逻辑函数还可以锻炼数据计算的逻辑思路，提高逻辑思维能力。

在实际工作中，常用的逻辑判断函数包括 IF、IFS、AND、OR、IFERROR 等。

6.6.1　IF 函数：基本原理与基本应用

IF 函数的功能是，根据指定的条件是否成立，得到非 A 即 B 的结果，其逻辑关系和用法如图 6-18 所示，语法如下：

=IF(条件是否成立，条件成立的结果 A，条件不成立的结果 B)

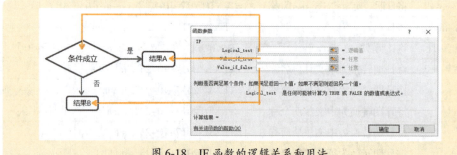

图 6-18　IF 函数的逻辑关系和用法

在 IF 函数中，第一个参数是判断条件，必须是逻辑值 TRUE 或者 FALSE，或者结果是逻辑值 TRUE 或者 FALSE 的条件表达式，也可以输入 1 或 0。在 Excel 中，逻辑值 TRUE 被处理为数字 1，FALSE 被处理为数字 0。

进行逻辑判断可以使用条件表达式，也可以使用信息类函数，这些信息函数都以 IS 开头，如 ISNUMBER 函数可以判断条件是否为数字，ISERROR 函数可以判断条件是否为错误值。

案例 6-2　IF 函数的应用

图 6-19 所示是一个简单的示例，根据签到时间判断是否迟到，这里设定的上班时间是 8:30。

图 6-19 通过 IF 函数计算判断是否迟到

这是一个最简单的判断问题。判断是否迟到，就是把每个人的签到时间与 8:30 进行比较，如果签到时间小于 8:30，代表没迟到，单元格留空；如果签到时间大于 8:30，代表迟到了。C2 单元格的计算公式如下：

=IF(B2>8.5/24," 迟到 ","")

6.6.2　IF 函数嵌套的逻辑思路与技能技巧

在实际工作中，常常需要几个 IF 函数的嵌套使用。在创建嵌套函数公式之前，需要先梳理清楚逻辑关系，绘制逻辑流程图，然后采用函数对话框 + 名称框的方法，快速准确地输入 IF 函数，创建正确的计算公式。

案例 6-3　IF 函数的嵌套应用

图 6-20 所示是计算考核工资的示例，根据考核成绩分数的不同，有不同的考核工资的计算标准。具体的计算标准分为 6 种情况，因此需要使用 5 个 IF 函数串联嵌套。

图 6-20　计算考核工资

绘制 IF 函数的逻辑流程图如图 6-21 所示，使用函数对话框 + 名称框，创建如下判断计算的公式。

```
=IF(C2>=110,B2+200,
   IF(C2>=105,B2+100,
   IF(C2>=100,B2,
   IF(C2>=95,B2*80%,
   IF(C2>=90,B2*60%,
   B2*40%)))))
```

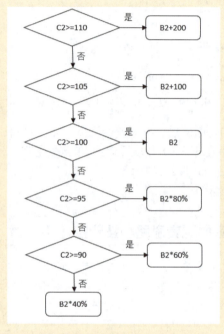

图 6-21　IF 函数的逻辑流程图

6.6.3　使用 IFERROR 函数处理错误值

在制作数据分析模板时，常常遇到公式出现错误的问题，但并不是公式错了，而是由于数据源的问题导致公式出现了计算错误，此时可以使用 IFERROR 函数处理错误值。

IFERROR 函数用于把一个错误值处理为要求的结果，语法如下：

=IFERROR(表达式，错误值要处理成的结果)

也就是说，如果表达式的结果是错误值，就把错误值处理为想要的结果，如果不是错误值，就不用管它。

图 6-22 所示是一个简单的示例，使用 IFERROR 函数计算产品两年的同比增长率，如果计算所得结果是错误值，就不进行计算，单元格中显示为空，公式如下：

=IFERROR(C2/B2-1,"")

图 6-22 使用 IFERROR 函数处理错误值

6.7 分类汇总函数及其应用

在日常工作中经常要对数据进行分类汇总和分析。例如,在人力资源数据分析中,统计员工人数,计算人均成本;在财务数据分析中,汇总计算销售量、销售额和毛利,分析预算执行情况,分析同比增长情况等。

这些数据的汇总计算,除了使用数据透视表外,还可以使用汇总统计函数,包括计数类函数、求和类函数。了解和掌握分类汇总函数可以为以后创建自动化数据分析模板仪表盘打下坚实的基础。

6.7.1 单条件计数统计汇总:COUNTIF 函数

计数统计汇总就是在单元格区域内把满足指定条件的数据个数(即单元格个数)统计出来。例如,在人力资源数据处理中,统计各部门的人数、每个年龄段的人数;在销售数据分析中,统计订单数、客户数;在财务数据处理中,统计发票数、凭证数。

统计指定区域满足一定条件的单元格个数,可以使用 COUNTIF 函数,语法如下:

=COUNTIF(统计区域,条件值)

在使用这个函数时,应该牢记以下两点。
- 第 1 个参数必须引用工作表中真实存在的单元格区域,不能是在公式中做的数组。
- 第 2 个参数是条件值,可以是一个精确的匹配值,也可以是大于或小于某个值的条件,还可以是诸如开头是什么、结尾是什么、包含什么等这样的模糊匹配。

案例 6-4 COUNTIF 函数的应用

图 6-23 所示是一个简单的示例,要求统计每个地区的门店数,这个问题就是 COUNTIF 函数的具体应用。在 K2 单元格中输入如下公式。

=COUNTIF(A:A,J2)

图 6-23　统计每个地区的门店数

6.7.2　多条件计数统计汇总：COUNTIFS 函数

COUNTIFS 函数用于统计满足多个指定条件的数据个数，语法如下：

=COUNTIFS(统计区域 1，条件值 1，
　　　　　 统计区域 2，条件值 2，
　　　　　 统计区域 3，条件值 3，…）

案例 6-5　COUNTIFS 函数的应用

如图 6-24 所示，要求统计每个地区、每个性质的门店数，在 K2 单元格中输入如下公式（注意绝对引用和相对引用的设置，才能正确地向右、向下复制公式）。

=COUNTIFS($A:$A,$J2,$C:C,K1)

图 6-24　统计每个地区、每个性质的门店数

6.7.3 单条件求和汇总：SUMIF 函数

条件求和就是把满足条件的单元格数据进行汇总计算。这样的汇总计算在实际数据的处理中比比皆是。

例如，计算每个部门的总人工成本，计算每个客户的总销量，计算每个产品的总销售量，计算每个费用项目的总金额等。

在财务数据处理中，常用的条件求和函数有 SUMIF 函数和 SUMIFS 函数。

SUMIF 函数是根据指定的一个条件进行求和，即只要满足指定的这个条件，就进行相加；否则就不相加。语法如下：

=SUMIF(判断区域，条件值，求和区域)

与 COUNTIF 函数相比，SUMIF 函数多了第 3 个参数：求和区域。

在使用 SUMIF 函数时，要注意以下几点。

- 判断区域与求和区域必须是工作表中真实存在的单元格区域，不能是公式中做的数组。
- 判断区域与求和区域必须一致，也就是说，如果判断区域选择了整列，求和区域也要选择整列；如果判断区域选择了 B2:B100 单元格区域,求和区域(假如在 D 列)也必须选择 D2:D100 单元格区域，不能一个多一个少，否则会出现错误结果。
- 条件值可以是一个具体的精确值，也可以是大于或小于某个值的条件，或者是诸如开头是什么、结尾是什么、包含什么、不包含什么等这样的模糊匹配。
- 如果判断区域与求和区域是同一个区域，则第 3 个参数可以不写。

案例 6-6　SUMIF 函数的基本应用

图 6-25 所示是一个销售数据清单，现在要求计算每个地区的销售总额。

图 6-25　计算每个地区的销售总额

这是一个指定精确条件下的单条件求和问题，使用 SUMIF 函数即可解决。在 L2 单元格中输入如下公式，然后向右、向下复制即可。

=SUMIF(A:A,K2,F:F)

SUMIF 函数的第 2 个参数是指定的条件，这个条件可以是精确的（前面的例子），也可以是模糊的。例如，可以指定关键词匹配，此时可以使用通配符 "*" 来匹配关键词。

案例 6-7　SUMIF 函数的关键词匹配

图 6-26 所示就是在 SUMIF 函数的条件值参数中使用关键词匹配的示例。左侧 A:C 列是从系统中导出的管理费用余额表数据，右侧是按照部门进行汇总的结果，在单元格 H2 中输入如下公式。

=SUMIF(B:B,"*"&G2,C:C)

B 列中每个部门前面有部门编码，部门名称在编码的右侧，因此在 SUMIF 函数中使用通配符构建以部门名称结尾的模糊匹配条件。

图 6-26　从原始表格中直接计算每个部门的总金额

6.7.4　多条件求和汇总：SUMIFS 函数

当需要在一列或几列中判断是否满足多个指定条件，如果满足，就相加；否则不相加，这样的问题就是多条件求和汇总。多条件求和汇总可以使用 SUMIFS 函数。将函数的每个条件值设置为指定的具体条件，就是精确条件下的多条件求和。

SUMIFS 函数的语法如下：

=SUMIFS(求和区域，
　　　　判断区域 1，条件值 1，
　　　　判断区域 2，条件值 2，
　　　　判断区域 3，条件值 3，
　　　　…)

在使用 SUMIFS 函数时，要牢记以下几点。
- 求和区域与判断区域必须一致。
- 求和区域与所有的判断区域必须是表格中真实存在的单元格区域。
- 所有的条件值既可以是一个精确的具体值，也可以是大于或小于某个值的条件，或者是诸如开头是什么、结尾是什么、包含什么等这样的模糊匹配。
- 所有的条件必须是与条件，而不能是或条件。

在输入 SUMIFS 函数时，建议打开"函数参数"对话框，在参数框中逐个参数进行输入，这样不容易出错。

案例 6-8 SUMIFS 函数的基本应用

如图 6-27 所示，要求计算每个地区自营店和加盟店的销售金额，在单元格 I3 中输入如下公式。

=SUMIFS($E:$E,$A:$A,$H3,$C:C,I2)

图 6-27 计算每个地区的自营店和加盟店的销售金额

案例 6-9 SUMIFS 函数的关键词匹配汇总

如果在 SUMIFS 函数的某个条件值或几个条件值中使用通配符（*），就可以进行关键词的匹配。

图 6-28 所示就是一个简单的示例，要求计算每个客户每个类别产品的销售总量，在单元格 H2 中输入如下公式。

=SUMIFS($D:$D,$B:$B,$G2,$C:C,H1&"*")

这里的客户条件是精确匹配，产品类别是关键词模糊匹配（以类别名称开头）。

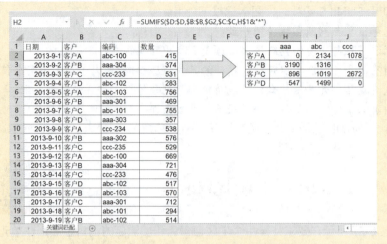

图 6-28　计算每个客户的每类产品的销售总量

6.7.5　超过 15 位数字长编码的条件计数与求和问题

无论是 COUNTIF 和 COUNTIFS 函数，还是 SUMIF 和 SUMIFS 函数，当要计算超过 15 位数字表示的长编码时要特别注意，直接设置条件会得到错误的结果，如图 6-29 所示。

图 6-29　超过 15 位数字长编码的错误计算与正确计算

使用 SUMIF 函数直接设置条件的公式，其结果是错误的。

=SUMIF(A2:A8,E3,B2:B8)

因为这些编码的前 15 位数字是相同的，尽管后几位数字不同，SUMIF 函数仍然认为这些数据是一样的。

正确的做法是在条件值的前面或后面连接一个通配符，将数字文本化，公式如下：

=SUMIF(A2:A8,"*"&E3,B2:B8)

或者

=SUMIF(A2:A8,E3&"*",B2:B8)

6.8 查找引用函数及其应用

查找引用函数是 Excel 中最常用且非常重要的函数。在实际工作中，经常要根据一定的条件，从一个或多个数据区域中把满足条件的数据查找出来，此时就需要使用查找引用函数。

Excel 中提供了 20 个查找引用函数，在财务日常工作中，最常用的查找引用函数包括 VLOOKUP、MATCH、INDEX 等。

6.8.1 VLOOKUP 函数：基本原理与基本应用

VLOOKUP 函数是根据一个指定的条件，在指定的数据列表或区域内，在第 1 列中匹配是否满足指定的条件，然后从右边某列中取出该项目的数据，其使用语法如下：

=VLOOKUP(匹配条件，查找列表或区域，取数的列号，匹配模式)

该函数中 4 个参数的说明如下。

- 匹配条件：指定的查找条件。
- 查找列表或区域：是一个至少包含一列数据的列表或单元格区域，并且该区域的第 1 列必须含有要匹配的数据，也就是说谁是匹配值，就把谁选为区域的第 1 列。
- 取数的列号：指定从单元格区域的哪一列中取数。
- 匹配模式：进行精确定位单元格查找和模糊定位单元格查找（当为 TRUE 或 1，或者忽略时，做模糊定位单元格查找；当为 FALSE 或 0 时，做精确定位单元格查找）。

VLOOKUP 函数的应用是有条件的，并不是任何查询问题都可以使用该函数。使用 VLOOKUP 函数必须满足以下 5 个条件。

- 查询区域必须是列结构的，也就是数据必须按列保存（这就是为什么该函数的第 1 个字母是 V 的原因了，V 就是英文单词 vertical 的缩写）。
- 匹配条件必须是单条件的。
- 查询方向是从左向右的，也就是说，匹配条件在数据区域的左边某列，要取的数在匹配条件的右边某列。
- 在查询区域中，匹配条件不允许有重复数据。
- 匹配条件不区分大小写。

把 VLOOKUP 函数的第 1 个参数设置为具体的值，从查询表中获取要取数的列号，并将第 4 个参数设置为 FALSE 或 0，是最常见的用法。

案例 6-10 VLOOKUP 函数的应用

如图 6-30 所示的表格中，在"工资清单"工作表中，根据姓名查找该员工的"实发合计"。此时，使用 VLOOKUP 函数查找数据的逻辑描述如下。

(1) 姓名"马超"是条件，是查找的依据（匹配条件），因此 VLOOKUP 的第 1 个参数是"发放单"工作表中 A2 单元格指定的具体姓名。

(2) 搜索方法是从"工资清单"工作表的 B 列中从上向下依次匹配哪个单元格是"马超"，如果是，就不再向下搜索，转而向右在 G 列中取出"马超"的"实发合计"，因此 VLOOKUP 函数的第 2 个参数是从"工资清单"工作表的 B 列开始，到 G 列结束的区域。

(3) 从"姓名"这列算起，向右数到第 6 列是要提取的数据，因此 VLOOKUP 函数的第 3 个参数是 6。

(4) 因为是在"工资清单"工作表的 B 列中精确定位有姓名"马超"的单元格，所以 VLOOKUP 函数的第 4 个参数要输入 FALSE 或 0。

这样，"发放单"工作表中 C2 单元格的查找公式如下：

=VLOOKUP(A2, 工资清单 !B:G,6,0)

图 6-30　根据"姓名"查找"实发合计"

VLOOKUP 函数的应用非常灵活，而不仅仅限于本小节讲述的基本用法。通过灵活设置函数的 4 个参数，可以将 VLOOKUP 函数的应用发挥到极致。

6.8.2　VLOOKUP 函数：使用通配符匹配条件

VLOOKUP 函数的第 1 个参数是匹配条件，这个条件可以是精确的完全匹配，也可以是模糊的大致匹配。如果条件值是文本，可以使用通配符（*）来匹配关键词，VLOOKUP 函数这种用法的功能更加强大。

案例 6-11　VLOOKUP 函数：使用通配符匹配条件

图 6-31 所示是一个示例，在 D 列的单元格中输入某个目的地后，希望 E 列自动从价目表中匹配价格。但是，价目表中的地址并不是一个单元格中只保存一个地址，而是把价格相同的地址保存在一个单元格中，此时，查找条件就是从某个单元格中查找是否含有指定的地址，这种情况下应该在查找条件中使用通配符。单元格 E2 的公式如下：

=VLOOKUP("*"&D2&"*",$I$3:$J$9,2,0)

图 6-31 在 VLOOKUP 函数的第 1 个参数中使用通配符

6.8.3 VLOOKUP 函数：自动定位取数的列号

VLOOKUP 函数的第 3 个参数是取数的列号，一般情况下，是一列一列手工数出来的。在很多情况下，使用这种方法并不科学。

在实际工作中，往往要把做好的 VLOOKUP 函数的公式向右或向下复制，此时希望能自动定位取数的列号，而不是手工修改列号。

对于大型表格来说，其中有很多列，手工数位置总不是一个好方法。很多人在制作表格时也有一个习惯，即删除列或者插入一列，这样取数的列号还是原来数出来的那个列号吗？

所以，在实际应用中，除非工作表的列位置完全固定，取数的列号也固定，否则手工数出取数的列号容易出错。

在 VLOOKUP 函数的第 3 个参数中，可以用很多函数来自动匹配列号，包括 COLUMN 函数、IF 函数、MATCH 函数等，其中最好的方法是使用 MATCH 函数。

MATCH 函数用来从一列或一行中，或者从一个一维数组中，找出指定数据所在的位置。该函数得到的结果不是单元格中的数据，而是指定数据的单元格位置。语法如下：

=MATCH(查找值,查找区域,匹配模式)

这里的查找区域只能是一列、一行，或者一个一维数组。

匹配模式是数字 –1、0 或 1。如果是 1 或者忽略，查找区域的数据必须升序排列。如果是 –1，查找区域的数据必须降序排列。如果是 0，则可以是任意顺序。一般情况下，将匹配模式设置成 0，做精确匹配查找。

案例 6-12 VLOOKUP 函数：自动定位取数的列号

下面举例说明联合使用 VLOOKUP 和 MATCH 函数进行更加灵活的查找的基本思路和方法。

图 6-32 所示是"员工信息"工作表，现在希望制作一个查询表，查询指定员工的信息。

一部分人会想到，使用 7 个 VLOOKUP 公式，每个公式中指定不同的参数位置，这是低效的办法。可以使用 MATCH 函数自动匹配每个项目的位置，在单元格 C5 中输入如下的高效公式，向下复制即可快速获取各项目的数据。

=VLOOKUP($C$3,员工信息 !B:I,MATCH(B6,员工信息 !$B$1:I$1,0),0)

这里，MATCH(B6,员工信息 !$B$1:I$1,0) 就是自动从"员工信息"工作表的标题中定位某个项目的位置。

图 6-32 查询员工信息

6.8.4 VLOOKUP 函数：模糊匹配查找

VLOOKUP 函数的第 4 个参数留空，或者输入 TRUE，或者输入 1，此时 VLOOKUP 函数就是模糊匹配定位查找。下面结合案例予以说明。

案例 6-13 VLOOKUP 函数：模糊匹配查找

图 6-33 所示是计算业务员的提成的表格，不同的达成率有不同的提成比例。

	A	B	C	D	E	F	G	H	I	J	K	L
1	业务员	目标	实际销售额	达成率	提成比例	提成额					提成标准	
2	A001	2250	2512	111.64%		0					达成率	提成比例
3	A002	390	612	156.92%		0					40%以下	1%
4	A003	1240	857	69.11%		0					40%~50%	3%
5	A004	560	1410	251.79%		0					50%~60%	4%
6	A005	1010	711	70.40%		0					60%~70%	6%
7	A006	2420	2558	105.70%		0					70%~80%	7%
8	A007	1180	1826	154.75%		0					80%~90%	8%
9	A008	810	2533	312.72%		0					90%~100%	9%
10	A009	2860	1684	58.88%		0					100%~110%	10%
11	A010	580	981	169.14%		0					110%~120%	12%
12	A011	1700	1276	75.06%		0					120%~150%	15%
13	A012	750	231	30.80%		0					150%~200%	20%
14	A013	990	1263	127.58%		0					200%~300%	30%
15	A014	2110	1967	93.22%		0					300%以上	45%
16												

图 6-33 计算业务员的提成

例如，业务员 A001 的达成率是 111.64%，但在提成标准表中找不到这个比例数字，它位于 110% ～ 120% 区间内，对应的提成比例是 12%。很多人会想到用嵌套 IF 函数解决这个问题，但是这样做会很麻烦。

如果在提成标准表的左边插入一个辅助列，输入达成率区间的下限值，并进行升序排列，那么使用下面的查找公式就可以非常方便地获取每名业务员的提成比例。在 E2 单元格中输入如下公式，如图 6-34 所示。

=VLOOKUP(D2,$J$2:$L$15,3)

此时，VLOOKUP 函数的查找原理是：首先到 J 列中查找 111.64%，如果未找到，将第 4 个参数留空，就往回查找小于或等于 111.64% 的最大值（就是在小于或等于 111.64% 的所有数据中，最接近 111.64% 的数），查到小于或等于 111.64% 的最大值是 110%，它对应的提成比例是 12%，则 E2 单元格的结果为 12%。

业务员	目标	实际销售额	达成率	提成比例	提成额			提成标准		
								下限值	达成率	提成比例
A001	2250	2512	111.64%	12%	301.44			0%	40%以下	1%
A002	390	612	156.92%	20%	122.4			40%	40%~50%	3%
A003	1240	857	69.11%	6%	51.42			50%	50%~60%	4%
A004	560	1410	251.79%	30%	423			60%	60%~70%	6%
A005	1010	711	70.40%	7%	49.77			70%	70%~80%	7%
A006	2420	2558	105.70%	10%	255.8			80%	80%~90%	8%
A007	1180	1826	154.75%	20%	365.2			90%	90%~100%	9%
A008	810	2533	312.72%	45%	1139.85			100%	100%~110%	10%
A009	2860	1684	58.88%	4%	67.36			110%	110%~120%	12%
A010	580	981	169.14%	20%	196.2			120%	120%~150%	15%
A011	1700	1276	75.06%	7%	89.32			150%	150%~200%	20%
A012	750	231	30.80%	1%	2.31			200%	200%~300%	30%
A013	990	1263	127.58%	15%	189.45			300%	300%以上	45%
A014	2110	1967	93.22%	9%	177.03					

图 6-34 VLOOKUP 函数的模糊查找

VLOOKUP 函数的第 4 个参数留空，或者输入 TRUE，或者输入 1 时，VLOOKUP 函数就是寻找最接近指定条件的最大值，此时必须满足如下条件。

- 查找条件必须是数字。
- 必须在查询列的左边插入一个辅助列，输入区间的下限值，并进行升序排列。

这种模糊查找可以替代嵌套 IF 函数，让公式更加简单也更加高效，同时，如果提成标准变化了，也不需要改动公式。

6.8.5 MATCH 函数：基本原理与用法

MATCH 函数虽然不为一些人熟知，但起着极其重要的作用。在很多查找函数中，如果能配合使用 MATCH 函数，做出的公式既高效又简单。

MATCH 函数的功能是从一个数组中把指定元素的存放位置找出来。由于必须是从一组数中查找，因此在定位时只能选择工作表的一列区域或一行区域，当然，也可以是自己创建的一维数组。

关于 MATCH 函数的语法和原理，前面已经简单介绍过。下面结合一个案例具体说明 MATCH 函数的基本用法。

案例 6-14　MATCH 函数的应用

如图 6-35 所示，有"年初名单"和"年末名单"两个工作表，分别保存年初和年末的员工名单，现在要求分别在两个表中设计公式，判断哪些员工是离职的，哪些员工是新进的。

图 6-35　判断哪些员工是离职，哪些员工是新进的

这个问题的解决方法有很多种，这里介绍如何使用 MATCH 函数来解决。

MATCH 函数可以确定指定数据的位置，如果表格中出现某个员工，就会得到他的具体位置；如果不出现，就会出现错误值，再利用 IF 和 ISERROR 函数进行判断处理，即可得到需要的结果。

"年初名单"工作表的 B2 单元格的公式如下：

=IF(ISERROR(MATCH(A2,年末名单!A:A,0))," 离职 ","")

"年末名单"工作表的 B2 单元格的公式如下：

=IF(ISERROR(MATCH(A2,年初名单!A:A,0))," 新进 ","")

6.8.6　INDEX 函数：基本原理与用法

当在一个数据区域中给定了行号和列号时，也就是准备把该数据区域中指定列和指定行的交叉单元格中的数据取出来，即可使用 INDEX 函数。

INDEX 函数有两种用法：查询区域是一个或多个查询区域。在实际工作中，通常是从一个区域中查找数据，此时，INDEX 函数的语法如下：

=INDEX(取数的区域 , 指定行号 , 指定列号)

例如，公式"=INDEX(C2:H9,5,3)"就是从单元格区域 C2:H9 的第 5 行、第 3 列交叉的单元格中取数，即单元格 E6 的数据。

公式"=INDEX(A:A,6)"就是从 A 列中取出第 6 行的数据，即单元格 A6 的数据，这里省略了列号，因为数据区域就一列。

公式"=INDEX(2:2,,6)"就是从第 2 行中取出第 6 列的数据，即单元格 F2 的数据，这里省略了行号,因为数据区域就一行。

在实际工作中,很多情况下的数据查找是多条件、多方向的,此时,可以联合使用 MATCH 函数和 INDEX 函数构建公式:先用 MATCH 函数确定位置,再用 INDEX 函数取数。

案例 6-15　MATCH 函数和 INDEX 函数的联合应用

图 6-36 所示是从系统中导出的每个产品的成本数据,现在要将每个产品的单位成本取出,做成产品的单位成本汇总表。

图 6-36　联合使用 MATCH 函数和 INDEX 函数从原始表格中查找数据

仔细观察表格结构,发现每个产品下都有 5 个成本项目,最后一个项目是单位成本,因此,只要能够在 B 列中确定某产品的位置,在此位置上分别加上 1、2、3、4,就是该产品的各项单位成本数据所在的行。这样就有了下面的公式。

单元格 M5,直接材料:

=INDEX(H:H,MATCH($M$2,B:B,0))

单元格 M6,直接人工:

=INDEX(H:H,MATCH($M$2,B:B,0)+1)

单元格 M7,制造费用:

=INDEX(H:H,MATCH($M$2,B:B,0)+2)

单元格 M8,模具费用:

=INDEX(H:H,MATCH($M$2,B:B,0)+3)

单元格 M9,总成本:

=INDEX(H:H,MATCH($M$2,B:B,0)+4)

在这个案例中，如果要在另一个工作表中制作每个产品的单位成本汇总表，如图 6-37 所示。此时，每个单元格的公式分别如下。

单元格 C4：

=INDEX(综合示例 !H:H,MATCH($B4, 综合示例 !B:B,0))

单元格 D4：

=INDEX(综合示例 !H:H,MATCH($B4, 综合示例 !B:B,0)+1)

单元格 E4：

=INDEX(综合示例 !H:H,MATCH($B4, 综合示例 !B:B,0)+2)

单元格 F4：

=INDEX(综合示例 !H:H,MATCH($B4, 综合示例 !B:B,0)+3)

单元格 G4：

=INDEX(综合示例 !H:H,MATCH($B4, 综合示例 !B:B,0)+4)

C4 =INDEX(综合示例!H:H,MATCH($B4,综合示例!B:B,0))

每个产品单位成本汇总表

产品名称	直接材料	直接人工	制造费用	模具费用	总成本
产品A	321.05	18.37	84.24	22.60	446.26
产品B	70.60	10.87	49.86	4.01	135.34
产品D	313.43	18.00	82.52	25.69	439.64
产品E	302.06	19.50	89.40	35.55	446.50
产品F	317.98	19.87	91.12	35.55	464.52
产品G	45.68	7.87	36.10	1.95	91.61
产品H	40.82	7.87	36.10	1.95	86.75
产品P	423.23	22.87	104.87	7.30	558.27
产品Y	417.43	22.87	104.87	4.07	285.60

图 6-37　每个产品的单位成本汇总表

6.8.7 常用查找函数 VLOOKUP、MATCH 和 INDEX 的总结

在实际工作中，前面介绍的三个查找函数 VLOOKUP、MATCH 和 INDEX 非常有用。为了进一步了解这三个函数，下面结合一个简单示例，介绍使用这三个函数计算的不同公式。

图 6-38 所示是一个二维表，要求查找指定地区、指定产品的数据。

可以分别使用 VLOOKUP、MATCH 和 INDEX 函数设计如下两个公式。

- 公式 1：=VLOOKUP(J2,A2:F8,MATCH(J3,A1:F1,0),0)
- 公式 2：=INDEX(B2:F8,MATCH(J2,A2:A8,0),MATCH(J3,B1:F1,0))

公式 1 是常规的查找公式，查找条件是地区，利用 VLOOKUP 函数从左向右查找，使用 MATCH 函数自动确定产品位置。

公式 2 是从双坐标查找，先利用 MATCH 函数确定行坐标和列坐标，再使用 INDEX 函数取出结果。

	A	B	C	D	E	F	G	H	I	J
1	地区	产品Z	产品B	产品W	产品D	产品A				
2	华北	297	739	264	247	429			指定地区：	华东
3	华南	622	585	793	582	1022			指定产品：	产品W
4	华中	1189	544	772	984	934				
5	华东	537	421	368	803	713			查找结果=	
6	西北	390	1181	1141	322	893				
7	西南	463	664	700	1150	1125				
8	东北	1086	800	684	721	1055				
9										

图 6-38　两个条件查找的示例

说明：

换个思路，如果条件在第一行，要从上向下查找。此时，可以使用 HLOOKUP 函数，该函数的使用方法与 VLOOKUP 函数完全一样，区别在于：VLOOKUP 函数是条件在左，结果在右，HLOOKUP 函数是条件在上，结果在下。

使用 HLOOKUP 函数的查找公式如下：

=HLOOKUP(J3,B1:F8,MATCH(J2,A1:A8,0),0)

6.9 综合练习与数据分析

前面介绍了财务管理中的常用函数及其应用方法和技巧，下面再介绍一下这些常用函数的综合应用案例，以巩固对函数的理解和运用。

6.9.1 制作销售分析底稿

为了建立一个销售分析（预算分析、同比分析）模板，从系统中导出了销售流水数据。现在需要先建立一个销售分析底稿，这个底稿使用简单的 SUMIF 函数和 SUMIFS 函数即可完成。

案例 6-16　制作销售分析底稿

图 6-39 所示是从系统中导出的销售明细表，现在需要根据明细表制作包括每种产品、每个月份的销售汇总统计表。销售汇总表的结构如图 6-40 所示。

	A	B	C	D	E	F	G	H	I
1	客户	业务员	月份	存货编码	存货名称	销量	销售额	销售成本	毛利
2	客户03	业务员01	1月	CP001	产品1	15185	691,975.68	253,608.32	438,367.36
3	客户05	业务员14	1月	CP002	产品2	26131	315,263.81	121,566.87	193,696.94
4	客户05	业务员18	1月	CP003	产品3	6137	232,354.58	110,476.12	121,878.46
5	客户07	业务员02	1月	CP002	产品2	13920	65,818.58	43,685.20	22,133.37
6	客户07	业务员27	1月	CP003	产品3	759	21,852.55	8,810.98	13,041.57
7	客户07	业务员20	1月	CP004	产品4	4492	91,258.86	21,750.18	69,508.68
8	客户09	业务员21	1月	CP002	产品2	1392	11,350.28	6,531.22	4,819.06
9	客户69	业务员20	1月	CP002	产品2	4239	31,441.58	23,968.33	7,473.25
10	客户69	业务员29	1月	CP001	产品1	4556	546,248.53	49,785.11	496,463.41
11	客户69	业务员11	1月	CP003	产品3	1898	54,794.45	30,191.47	24,602.99
12	客户69	业务员13	1月	CP004	产品4	16957	452,184.71	107,641.82	344,542.89
13	客户15	业务员30	1月	CP002	产品2	12971	98,630.02	62,293.01	36,337.01
14	客户15	业务员26	1月	CP001	产品1	506	39,008.43	7,147.37	31,861.07
15	客户86	业务员03	1月	CP003	产品3	380	27,853.85	5,360.53	22,493.32
16	客户61	业务员35	1月	CP002	产品2	38912	155,185.72	134,506.07	20,679.66
17	客户61	业务员01	1月	CP001	产品1	759	81,539.37	15,218.96	66,320.40
18	客户61	业务员34	1月	CP004	产品4	823	18,721.44	3,142.38	15,579.06
19	客户26	业务员11	1月	CP005	产品5	127	25,114.12	616.15	24,497.97

汇总表　今年明细

图 6-39　销售明细表

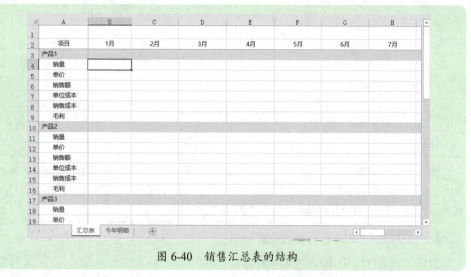

图 6-40 销售汇总表的结构

这其实是一个取数问题，其中是满足两个条件（产品和月份）的汇总数据，使用 SUMIFS 函数即可解决。

以产品 1 的 1 月份销售数据为例，B 列中每个单元格的公式如下。

单元格 B4，销量：

=SUMIFS (今年明细 !$G:$G, 今年明细 !$F:$F,$A2, 今年明细 !$A:A,B1)

单元格 B5，单价：

=B6/B4

单元格 B6，销售额：

=SUMIFS (今年明细 !$H:$H, 今年明细 !$F:$F,$A2, 今年明细 !$A:A,B1)

单元格 B7，单位成本：

=B8/B4

单元格 B8，销售成本：

=SUMIFS (今年明细 !$I:$I, 今年明细 !$F:$F,$A2, 今年明细 !$A:A,B1)

单元格 B9，毛利：

=SUMIFS (今年明细 !$J:$J, 今年明细 !$F:$F,$A2, 今年明细 !$A:A,B1)

6.9.2 编制应收账款账龄分析表

案例 6-17　编制应收账款账龄分析表

图 6-41 所示是一张合同表，现在要求依据这个合同表制作如图 6-42 所示的客户应收账款账龄分析表。

	A	B	C	D	E	F	G
1	客户	发票号	合同金额	发票日期	到期日	付款日	付款金额
23	客户F	20180029	54,988.13	2018-3-9	2018-4-20	2018-4-20	54,988.13
24	客户C	20180030	88,565.02	2018-3-9	2018-4-20	2018-4-20	88,565.02
25	客户A	20180031	79,606.80	2018-3-9	2018-4-20	2018-4-20	79,606.80
26	客户F	20180032	13,267.80	2018-3-9	2018-4-20	2018-4-20	13,267.80
27	客户A	20180033	60,736.00	2018-3-9	2018-4-15		
28	客户K	20180034	30,368.00	2018-3-9	2018-4-15		
29	客户D	20180035	87,308.00	2018-3-9	2018-4-15		
30	客户F	20180036	93,346.34	2018-3-14	2018-4-18	2018-4-15	93,346.34
31	客户B	20180037	80,270.89	2018-3-14	2018-4-13	2018-4-15	80,270.89
32	客户B	20180038	106,293.10	2018-3-14	2018-4-13	2018-4-15	106,293.10
33	客户D	20180039	87,312.19	2018-3-14	2018-4-13	2018-4-15	87,312.19
34	客户G	20180040	75,923.64	2018-3-14	2018-4-13	2018-4-15	75,923.64
35	客户A	20180041	56,942.73	2018-3-14	2018-4-13	2018-4-15	56,942.73
36	客户D	20180042	91,108.37	2018-3-14	2018-4-13	2018-4-15	91,108.37
37	客户B	20180043	1,656.86	2018-3-19	2018-4-2	2018-4-9	1,656.86
38	客户B	20180044	60,738.91	2018-3-22	2018-5-6		

图 6-41　合同表

		合同分析			账龄分析						
客户		总金额	已收金额	未收金额	未到期	1–30天	31–60天	61–90天	91–180天	181–1年	1年以上
客户A											
客户B											
客户F											
客户C											
客户D											
客户K											
客户E											
客户G											
合计											

客户应收账款账龄分析表　　　　　　　　　　　　　　　　　　单位：千元

图 6-42　要求制作的应收账款账龄分析表

解决这个问题的关键在于计算出每个合同的逾期天数，因此在原始表单中插入辅助列"预期天数"，如图 6-43 所示，单元格 H2 的计算公式如下：

=IF(G2<>"","",TODAY()–E2)

	A	B	C	D	E	F	G	H
1	客户	发票号	合同金额	发票日期	到期日	付款日	付款金额	逾期天数
38	客户A	20180044	60,738.91	2018-3-22	2018-5-6			1125
39	客户G	20180045	87,312.19	2019-1-22	2019-3-6			821
40	客户G	20180046	91,108.37	2019-3-22	2019-5-20			746
41	客户B	20180049	72,124.00	2018-3-24	2018-4-7			1154
42	客户A	20180050	54,397.20	2018-3-31	2018-4-15			1146
43	客户K	20180051	83,512.00	2018-3-31	2018-4-15			1146
44	客户B	20180052	64,532.00	2018-3-31	2018-5-15			1116
45	客户D	20180053	177,100.00	2018-3-31	2018-5-15	2018-4-5	177,100.00	
46	客户A	20190054	3,319.60	2019-4-2	2019-6-1			734
47	客户F	20180055	46,531.97	2018-4-2	2018-12-31			886
48	客户D	20180056	45,552.00	2018-4-2	2018-10-16			962
49	客户C	20180057	41,756.00	2018-4-2	2018-4-16			780
50	客户G	20180058	84,029.40	2018-4-3	2018-4-17	2018-4-18	84,029.40	
51	客户A	20180059	4,422.60	2018-4-3	2018-4-17	2018-4-18	4,422.60	
52	客户C	20180060	87,312.19	2018-4-4	2018-7-31			1039
53	客户A	20180061	45,554.18	2018-4-4	2018-5-19			1112

图 6-43　设计辅助列，计算逾期天数

这样就可以设计公式计算每个客户的应收账款账龄分析了，结果如图 6-44 所示，注意这里已经将单元格的数字格式进行了自定义设置，缩小 1000 倍显示（以千元显示）。

	A	B	C	D	E	F	G	H	I	J	K	L
1	客户应收账款账龄分析表											单位：千元
2			合同分析						账龄分析			
3	客户		总金额	已收金额	未收金额	未到期	1~30天	31~60天	61~90天	91~180天	181~1年	1年以上
4	客户A		1625	832	793	87	220					486
5	客户B		865	564	301		61					240
6	客户F		1290	230	1060		121					939
7	客户C		793	89	705	46						659
8	客户D		1073	534	539		72					467
9	客户K		300		300							300
10	客户E		433		433	187	87					158
11	客户G		338	160	178							178
12	合计		6717	2408	4309	320	561					3428

图 6-44　计算每个客户的应收账款账龄分析表

各单元格的计算公式如下。

单元格 C4，总金额：

=SUMIF(合同表 !A:A,B4, 合同表 !C:C)

单元格 D4，已收金额：

=SUMIF(合同表 !A:A,B4, 合同表 !G:G)

单元格 E4，未收金额：

=C4–D4

单元格 F4，未到期：

=SUMIFS(合同表 !C:C, 合同表 !A:A,B4, 合同表 !H:H,"<=0")

单元格 G4，逾期 1~30 天：

=SUMIFS(合同表 !C:C, 合同表 !A:A,B4, 合同表 !H:H,">=1", 合同表 !H:H,"<=30")

单元格 H4，逾期 31~60 天：

=SUMIFS(合同表 !C:C, 合同表 !A:A,B4, 合同表 !H:H,">=31", 合同表 !H:H,"<=60")

单元格 I4，逾期 61~90 天：

=SUMIFS(合同表 !C:C, 合同表 !A:A,B4, 合同表 !H:H,">=61", 合同表 !H:H,"<=90")

单元格 J4，逾期 91~180 天：

=SUMIFS(合同表 !C:C, 合同表 !A:A,B4, 合同表 !H:H,">=91", 合同表 !H:H,"<=180")

单元格 K4，逾期 181 天 ~1 年：

=SUMIFS(合同表 !C:C, 合同表 !A:A,B4, 合同表 !H:H,">=181", 合同表!H:H,"<=365")

单元格 L4，逾期 1 年以上：

=SUMIFS(合同表 !C:C, 合同表 !A:A,B4, 合同表 !H:H,">365")

6.9.3 利用函数制作动态图表

财务分析并不是对一个维度、一个角度进行分析，更不是对某个点的分析，而是需要从各个角度发现问题、分析问题，进而提出解决方案。

由于财务分析的维度多，也会随时改变财务分析的角度，因此在数据分析结果的可视化方面需要制作动态图表。

1. 动态图表的基本原理

首先要明白，图表都是由数据画出来的。如果数据不变，图表也不会变。如果绘制图表的数据发生变化，图表是不是也跟着发生变化呢？

动态图表之所以会"动"，是因为绘图数据在"动"。通过一个或数个控制按钮可以控制绘图数据的变化，进而图表也发生变化，这就是动态图表。

图 6-45 所示是一个动态图表的示例。通过操作组合框选择不同的产品，图表中就显示该产品各季度的销售。为什么会发生这样的控制效果呢？

（1）下拉列表框在控制单元格 J3，在下拉列表框中选择不同的产品，单元格 J3 就显示该产品的顺序号（即第几个产品）。

（2）单元格 J3 在控制单元格区域 J7:M7 的数据，因为这个区域的数据是利用公式查找出来的。例如，单元格 J7 的查找公式如下：

=INDEX(C3:C10,$J$3)

在这个公式中，查找区域就是原始数据区域，依据的条件是单元格 J3 中的产品顺序号（这个顺序号代表在下拉列表框中选定的产品）。

（3）单元格区域 J7:M7 控制图表，因为图表是用单元格区域 J7:M7 中的数据绘制的。

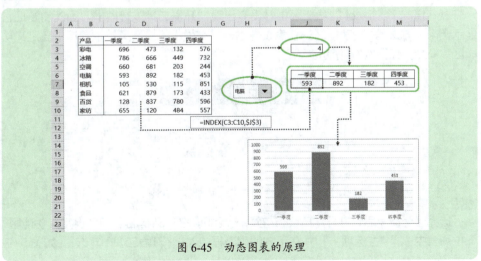

图 6-45　动态图表的原理

动态图表就是由一连串联动的控制过程构成的。

控件 → 单元格 J3 → 单元格区域 J7:M7 → 图表

2. 制作动态图表必备的两大核心技能

从图 6-45 中可以看出，要想使图表随着控件操作的变化而变化，就需要使用函数从原始数据中查找数据。因此，制作动态图表必须熟练掌握如下两大核心技能。

（1）表单控件（有时不使用表单控件，而是在单元格中设置数据验证来快速选择分析对象，数据验证的下拉列表就相当于控件）。

（2）查找引用函数及其他函数。

3. 在功能区显示"开发工具"选项卡

动态图表常用的控制工具是表单控件。表单控件在"开发工具"选项卡的"控件"组中，如图 6-46 所示。

单击"插入"按钮，即可展开控件工具箱，这里有两种控件：表单控件和 ActiveX 控件。在制作动态图表时，需要选择"表单控件"，如图 6-47 所示，这点要特别注意。

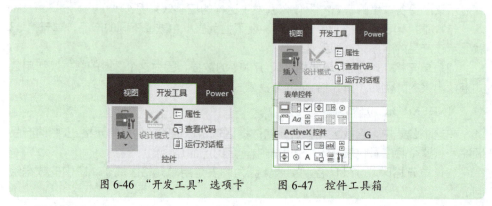

图 6-46　"开发工具"选项卡　　图 6-47　控件工具箱

默认情况下，Excel 的功能区中并没有出现"开发工具"选项卡，因此需要把它显示出来。方法是：在功能区的任意位置右击，在弹出的快捷菜单中选择"自定义功能区"命令，如图 6-48 所示。

图 6-48　选择"自定义功能区"命令

选择这个命令后，打开"Excel 选项"对话框，在对话框右侧的"自定义功能区"下拉列表中选择"主选项卡"，并在下方的列表框中勾选"开发工具"复选框，如图 6-49 所示。

图 6-49　设置在功能区显示"开发工具"选项卡

4. 如何使用控件

使用控件的常见操作包括：插入控件、移动控件、复制控件、删除控件、修改控件标题及设置控件格式。

（1）插入控件。插入控件的方法是：单击控件工具箱中的某个控件，然后在工作表的某个位置按住鼠标左键不放，向右下拖动鼠标，即可在该位置插入一个控件，如图 6-50 所示。

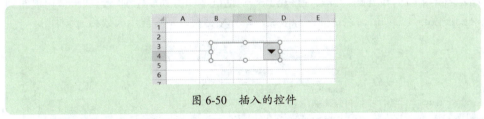

图 6-50　插入的控件

（2）移动控件。如果想要移动控件的位置，在控件上右击，使其出现 8 个小圆圈（即让控件处于编辑状态），然后拖动它即可。如果控件上没有出现 8 个小圆圈，就是使用状态，是不能拖动的。

（3）复制控件。复制控件很简单，先使控件处于编辑状态，按 Ctrl+C 组合键，然后在某个地方按 Ctrl+V 组合键。

可以将一个控件复制多个，这样就省去了不断插入控件的麻烦。

（4）删除控件。删除控件也很简单，先使控件处于编辑状态，按 Delete 键即可，也可以右击控件，在弹出的快捷菜单中选择"剪切"命令。

（5）修改控件标题。有些控件是有标题的（如选项按钮、复选框、标签、分组框等），为了明确该控件的功能，需要将默认的标题修改为需要的标题文字。方法是：先使控件处于编辑状态，然后修改标题即可，如图 6-51 和图 6-52 所示。

图 6-51　控件的默认标题　　　　　图 6-52　修改后的控件标题

（6）设置控件格式。设置控件格式是一项非常重要的操作。设置控件格式的目的是能够使用控件，并通过控件控制工作表的某个单元格，便于以后根据控件的返回值设置查找公式，进而制作动态图表。

设置控件格式的方法是：右击控件，在弹出的快捷菜单中选择"设置控件格式"命令，如图 6-53 所示，打开"设置控件格式"对话框。

图 6-53　选择"设置控件格式"命令

每个控件对应的"设置控件格式"对话框都有所不同，主要是设置的项目不同。图 6-54 所示就是下拉列表框的"设置控件格式"对话框，切换到"控制"选项卡，可以看到需要设置的几个项目，包括数据源区域、单元格链接、下拉显示项数和三维阴影。

图 6-54　"设置控件格式"对话框

图 6-55 所示是下拉列表框的控件格式的设置情况。

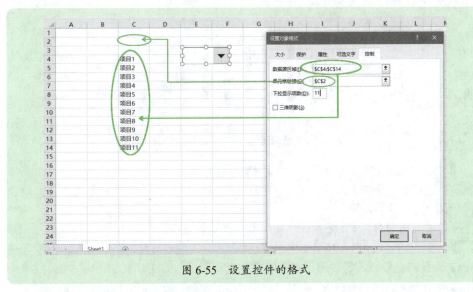

图 6-55 设置控件的格式

5. 动态图表的制作方法和步骤

了解了动态图表的基本原理之后,下面介绍动态图表的制作方法和具体步骤。动态图表的制作并不复杂,只要能够熟练使用函数和控件即可。

制作动态图表最常用的方法是辅助区域法,其基本原理是:先利用函数从原始数据表中查询需要绘图的数据,做成一个辅助区域,然后利用辅助区域的数据绘制图表。

案例 6-18 动态图表的制作方法

图 6-56 所示是每个客户每个月的销售统计表,现在制作能够任选客户,查看每月销售情况的动态图表,如图 6-57 所示。

客户	1月	2月	3月	4月	5月	6月	7月	8月	9月	10月	11月	12月
客户1	381	808	301	850	793	370	472	754	1112	948	1003	600
客户2	1072	415	1014	1051	775	559	1031	1552	874	1503	424	815
客户3	680	1410	638	966	483	396	1330	1386	1580	1089	1346	1375
客户4	1279	468	785	417	968	1144	1505	537	674	1386	1471	496
客户5	667	458	444	372	1295	344	321	1067	988	1325	436	883
客户6	344	988	1221	863	1131	834	1567	748	468	344	398	893
客户7	1120	1213	422	1347	750	1346	1148	1239	610	563	1303	1477
客户8	712	1020	315	1470	1353	1126	910	747	1092	753	1416	518
客户9	850	957	1492	840	1156	1253	954	351	379	1529	596	557
客户10	834	777	960	342	1186	1235	1472	759	1560	803	1396	706
客户11	1007	1310	681	721	927	1011	854	329	870	1366	940	1500
客户12	1318	329	1332	813	903	580	676	1084	868	1157	792	514
客户13	711	1105	1178	1085	1565	1133	897	1273	710	1227	743	346
客户14	824	1390	742	1131	487	1215	564	1394	957	726	617	420
客户15	1390	900	495	1181	420	1245	1131	354	459	939	1586	642

图 6-56 原始数据表

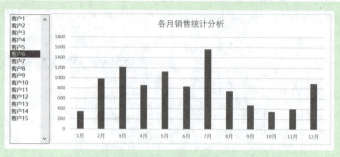

图 6-57 查看每个客户每月销售统计分析

本案例的动态图表的绘制方法和步骤如下。

步骤1 确定使用列表框来控制图表，并确定哪个单元格保存下拉列表的返回值，这里为单元格 Q2。

步骤2 在单元格 Q2 中输入任意一个正整数，如输入 6。

步骤3 将单元格区域 Q3:AB4 作为绘图的辅助区域，在单元格 Q4 中输入如下数据查询公式，并向右复制，将要用于绘图的数据查询出来，如图 6-58 所示。

=INDEX(C3:C17,$Q$2)

图 6-58 设计辅助区域，查找绘图数据

步骤4 用数据区域 Q3:AB4 绘制图表，并美化图表。

步骤5 插入列表框，设置其控制属性，在"数据源区域"文本框中输入"$B$3:$B$17"，在"单元格链接"文本框中输入"$Q$2"，如图 6-59 所示。

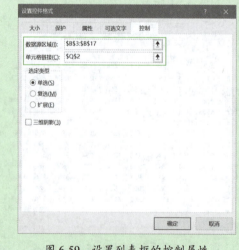

图 6-59 设置列表框的控制属性

步骤6 将图表和列表框拖放到工作表的适当位置。

6.9.4 财务报表动态分析

下面介绍如何使用查找函数和动态图表制作财务报表的动态分析模板。

案例 6-19 财务报表动态分析

图 6-60 所示是每月利润表的汇总,现在要分析指定项目在每月的变化趋势。

	A	B	C	D	E	F	G	H	I	J	K	L	M
1	项目	1月	2月	3月	4月	5月	6月	7月	8月	9月	10月	11月	12月
2	一、营业收入	8,724	8,990	8,706	9,310	9,116	7,925	9,420	10,056	9,967	8,161	10,733	12,711
3	二、营业总成本	8,575	8,640	8,796	11,156	9,334	8,539	9,522	10,218	9,760	8,838	10,564	11,045
4	其中:营业成本	6,338	6,305	5,864	7,367	6,734	5,616	6,849	7,051	6,979	5,665	7,425	8,092
5	税金及附加	37		63	49	55	39	37	71	35	54	32	66	174
6	销售费用	325	333	340	325	471	611	426	462	644	458	532	721
7	管理费用	1,707	1,898	2,499	2,052	1,948	2,063	2,091	1,362	1,947	2,376	2,163	730
8	财务费用	-27	-20	27	29	-10	36	-64	19	11	9	27	-44
9	资产减值损失	195	61	17	1,327	176	149	1,289	125	298	351	1,370	
10	加:投资收益(损失以"-"号填列)					14	56	60	40	28	64	47	56
11	三、营业利润(亏损以"-"号填列)	149	350	-90	-1,846	-204	-559	-42	-122	-235	-612	216	1,722
12	加:营业外收入	247	166	532	1,240	302	630	445	493	276	827	456	414
13	其中:非流动资产处置利得						7				23	-19	
14	减:营业外支出		15		0	20	2	2	37	2	2		100
15	其中:非流动资产处置损失		10		0		1		6		2	1	
16	四、利润总额(亏损总额以"-"号填列)	396	501	442	-606	78	69	402	334	511	213	671	2,036
17	减:所得税费用	110	136	171	153	135	203	89	104	166	201	184	85
18	五、净利润(净亏损以"-"号填列)	287	365	271	-760	-58	-134	313	230	344	12	487	1,951

图 6-60 每月损益表数据

这里要分析的数据包括营业收入、营业总成本、销售费用、管理费用、财务费用、营业利润、利润总额、净利润。

步骤1 新建一个工作表,设计辅助区域,如图 6-61 所示。其中:

- 单元格 B3:B10 是要分析的数据名称,准备用列表框进行快速选择。
- 单元格 B2 是列表框的链接单元格。
- 单元格 D2 是根据单元格 B2 的值得到的选定项目的具体名称。公式如下:

=INDEX(B3:B10,B2)

- 单元格区域 D5:O5 是根据单元格 D2 的名称查询出的各月数据。公式如下:

=INDEX(Sheet1!B2:B18,MATCH("*"&$D$2&"*",Sheet1!$A$2:$A$18,0))

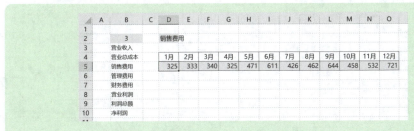

图 6-61 设计辅助区域

步骤2 以单元格区域 D4:O5 绘制折线图,并插入列表框,设置控制属性,如图 6-62 所示。

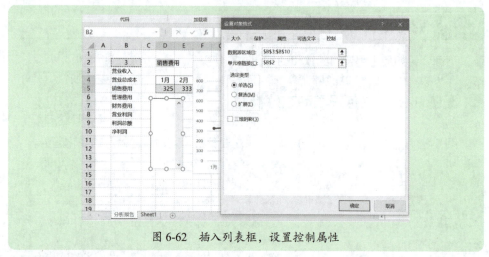

图 6-62　插入列表框,设置控制属性

步骤3 对控件和图表进行合理布局,即可得到如图 6-63 所示的动态图表,可以快速查看指定项目每月的变化情况。

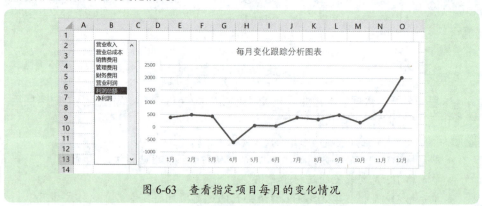

图 6-63　查看指定项目每月的变化情况

第7章

快速合并汇总大量工作表

合并汇总数据几乎是大部分财务人员的日常工作。如果没有掌握实用方法和技能技巧,在数据合并汇总上就会花费大量的时间,也会影响分析报告的质量。本章将介绍一些实用的数据合并与汇总的技能技巧,以免在烦琐的工作中耗神耗力。

7.1 合并结构完全相同的工作表

如果每个工作表的结构完全相同（行数、列数、行次序、列次序都一样），可以使用 SUM 函数或者合并计算工具快速合并，操作起来很简单，也很高效。

7.1.1 使用 SUM 函数快速合并，得到所有工作表的合计数

如果各工作表的结构完全相同，而且仅仅需要这些工作表的合计数，使用 SUM 函数进行合并汇总是最简单的方法，下面举例说明。

案例 7-1 使用 SUM 函数快速合并

图 7-1 所示是各部门每个季度的管理费用预算表，几个工作表的格式完全一样。现在要把这几个部门的数据合并到一张表中，计算所有部门的合计数。下面是详细的操作步骤。

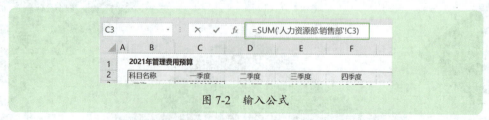

图 7-1 所有部门的管理费用预算表

步骤1 新建一个工作表，按每个部门的表格结构进行设计。最简单的是把某个表格复制一份，保留标题，清除其中的数字。

步骤2 单击"自动求和"按钮，在工作表区域的第一个单元格中输入 SUM 函数。

步骤3 单击要合并的第一个工作表标签，然后按住 Shift 键不放，再单击最后一个要合并的工作表标签，即可将这些工作表引入公式。

步骤4 单击引用要求和的第一个单元格（这里是 C3），输入 SUM 函数的右括号")"，如图 7-2 所示。

图 7-2 输入公式

步骤5 按 Ctrl+Enter 组合键，即可得到几个工作表数据的合并表，如图 7-3 所示。

图 7-3　合并结果

7.1.2 使用合并计算工具快速合并，得到具有分级显示的合并表

7.1.1 小节介绍的利用 SUM 函数合并，得到的仅仅是一个合计数，在这个合并表中无法查看每个部门的数据，只能再去翻阅每个部门的工作表。

现在的想法是：合并后还能同时查看每个部门的合计数吗？这就需要使用"合并计算"工具。

案例 7-2　使用"合并计算"工具快速合并

下面以案例 7-1 的数据为例，介绍如何使用"合并计算"工具实现合并+分级显示的汇总表。

步骤1 新建一个工作表，其结构与每个部门的表格结构相同。

步骤2 选择要保存合并数的单元格区域，单击"合并计算"按钮，如图 7-4 所示。

图 7-4　单击"合并计算"按钮

步骤3 打开"合并计算"对话框，如图 7-5 所示。

步骤4 在"引用位置"输入框中，单击选择每个部门要合并的数据区域，然后单击"添加"按钮，把它们都添加到"所有引用位置"列表框中，勾选对话框底部的"创建指向源数据的链接"复选框，如图 7-6 所示。

图 7-5 "合并计算"对话框

图 7-6 添加每个表格的合并区域，并创建指向源数据的链接

步骤5 单击"确定"按钮，即可得到如图 7-7 所示的合并报表。

	A	B	C	D	E	F	G
1			2021年管理费用预算				
2		科目名称	一季度	二季度	三季度	四季度	全年
7		工资	705,286.44	686,013.99	839,146.41	5,937,487.64	8,167,934.48
12		公积金	108,139.96	97,196.29	99,650.08	740,339.24	1,045,325.57
17		福利费	29,362.42	12,862.58	23,470.69	175,749.23	241,444.92
22		折旧费	49,428.20	46,389.71	44,936.84	337,865.62	478,620.37
27		差旅费	23,474.99	20,081.06	22,621.51	164,773.82	230,951.38
32		办公费	87,724.63	94,054.98	265,749.40	1,626,938.02	2,074,467.04
37		电费	22,301.10	21,134.70	24,919.26	219,264.95	287,620.01
42		车辆使用费	27,519.17	62,069.21	91,599.95	658,105.60	839,293.93
47		劳保用品	13,127.25	11,036.90	9,961.65	113,753.62	147,879.42
52		通讯费	86,072.12	72,091.26	68,587.93	493,898.37	720,649.69
57		餐饮费	41,545.36	56,354.59	206,518.78	839,029.38	1,143,448.10
62		业务招待费	21,230.24	20,812.50	24,786.30	259,646.12	326,475.25
67		合计	1215211.997	1200097.761	1721948.788	11566851.62	15704110.17

图 7-7 初步完成的合并报表

步骤6 在这个合并表的左侧有分级按钮 1 2 和折叠展开按钮 +，可以很方便地查看合并数及某个部门的明细数。

但是，这个合并表还没有完成。单击分级按钮 2 展开报表，可以看到合并表的第一列中有很多空单元格，这些空单元格代表每个部门，现在需要在该列的空单元格中输入部门名称，具体某行对应哪个部门，可以单击合并数字的单元格查看，如图 7-8 所示。

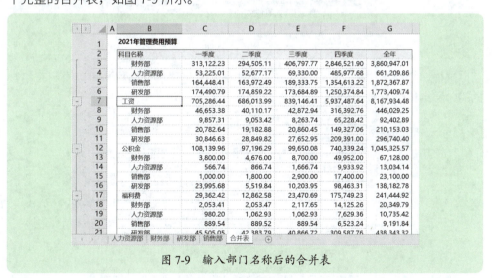

图 7-8　单击单元格，在编辑栏中看到公式引用的工作表名称（即部门名称）

步骤7 依据单元格公式引用的工作表，在 B 列的单元格中输入部门名称，即可得到一个完整的合并表，如图 7-9 所示。

图 7-9　输入部门名称后的合并表

步骤8 展开所有数据后，这个表格的可读性会比较差，因为每个部门的数据与所有部门的合计数混在一起，看起来很不方便。可以对合计行设置单独的格式，操作方法如下。

（1）单击分级按钮 1 ，将合并表折叠起来。

（2）选择除第一行大标题外的整个合并数据区域，按 Alt+; 组合键，选择可见单元格（即所有部门数据的合计行），如图 7-10 所示。

（3）设置这些选中的可见单元格的格式（如单元格颜色、字体等），如图 7-11 所示。

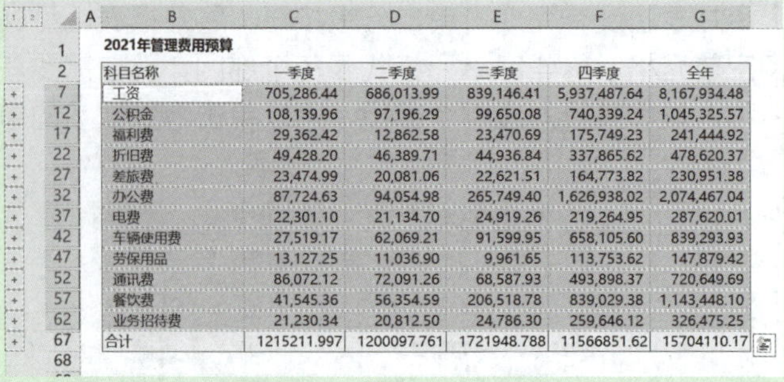

图 7-10 按"Alt+;"组合键,选择可见单元格

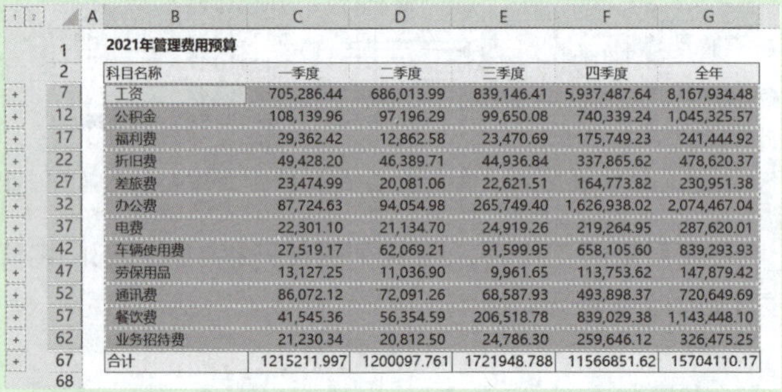

图 7-11 设置合计行的单元格格式

这样,合计行的格式就设置完毕,单击分级按钮 2 展开表格,可以看到表格数据的分层结构已经十分清楚,如图 7-12 所示。

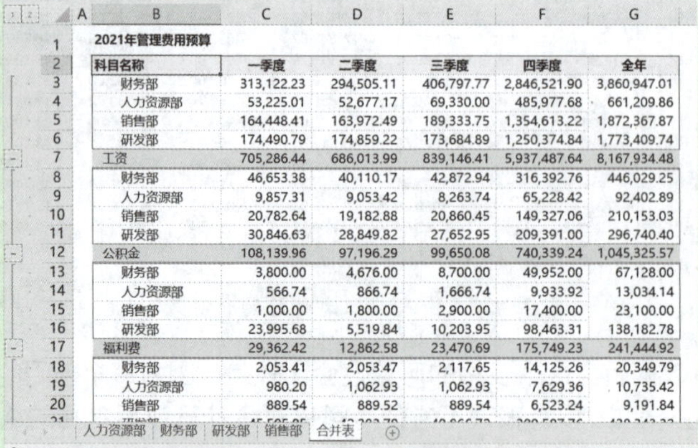

图 7-12 分层结构清楚的合并表

7.1.3 汇总不同工作簿中大量结构相同的工作表

如果要合并的表格不在同一个工作簿中,而是分别保存在不同的工作簿中,就

只能使用"合并计算"工具,在合并时需要把所有要合并的表格打开,引用添加区域。合并完成后,再根据具体的工作簿和工作表输入相应名称。

7.2 利用数据透视表合并汇总

7.1 节介绍了利用 SUM 函数和"合并计算"工具合并汇总表格,这两种方法都有一个最基本的也是最重要的前提条件,即每个表格的结构必须完全相同。那么表格的结构不相同该怎么办呢?

根据具体的表格结构,可以使用多重合并计算数据区域透视表,也可以使用现有连接 +SQL 语句。

7.2.1 二维表的合并:使用多重合并计算数据区域透视表

第 4 章中已经介绍了多重合并计算数据区域透视表的具体应用,从本质上来说,核对数据的第一步就是将两个表格合并在一起才能进行核对。

下面以案例 7-1 的数据为例,介绍使用数据透视表进行汇总的详细方法和步骤,以学习和巩固这个工具的使用方法。

案例 7-3 使用数据透视表快速合并汇总二维表

步骤1 按 Alt+D+P 组合键,打开"数据透视表和数据透视图向导 - 步骤 1(共 3 步)"对话框,选中"多重合并计算数据区域"单选按钮,如图 7-13 所示。

图 7-13 选中"多重合并计算数据区域"单选按钮

步骤2 单击"下一步"按钮,打开"数据透视表和数据透视图向导 - 步骤 2a(共 3 步)"对话框,保持默认选中"创建单页字段"单选按钮(因为汇总的是每个部门的数据,仅创建一个页字段,用于区分部门即可),如图 7-14 所示。

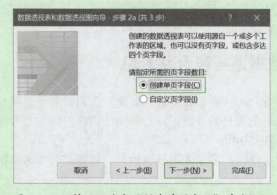

图 7-14 保持默认选中"创建单页字段"单选按钮

步骤3 单击"下一步"按钮,打开"数据透视表和数据透视图向导 - 第 2b 步,共 3 步"对话框,选择添加每个工作表的数据区域,如图 7-15 所示。

图 7-15 添加每个工作表的数据区域

注意,这里是制作数据透视表,因此要选择包含标题在内的整个数据区域(7.1 节介绍的合并工具是选择要计算的数据区域,两个工具的功能是不一样的)。

步骤4 单击"下一步"按钮,打开"数据透视表和数据透视图向导 - 步骤 3(共 3 步)"对话框,选中"新工作表"单选按钮,如图 7-16 所示。

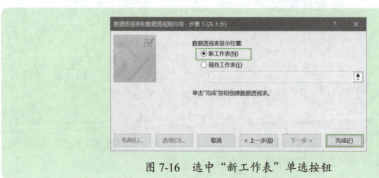

图 7-16 选中"新工作表"单选按钮

步骤5 单击"完成"按钮，即可得到如图 7-17 所示的数据透视表。

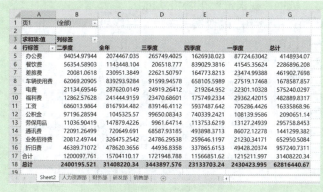

图 7-17 制作的数据透视表

步骤6 图 7-17 的这个数据透视表就是每个部门、每个费用项目、每个季度的合计报表，但是这个报表很不美观，还需要设置格式。下面对这个数据透视表进行格式化设置，详细的操作方法请观看本案例视频。

（1）选择一个合适的数据透视表样式。

（2）将报表布局设置为"以大纲形式显示"。

（3）取消显示数据透视表的两个总计（最底部的总计和最右侧的总计），因为原始表中已经有总计了。

（4）调整各季度的先后顺序（默认是拼音排序，不是自然季度的顺序），再根据实际需要调整各费用项目的先后次序（如果项目很多，可以使用本书前面介绍的自定义排序方法）。

（5）将字段"页 1"拖放到"行"区域。

（6）修改字段名称和项目名称。

（7）设置数字格式。

这样即可得到如图 7-18 所示的汇总表。

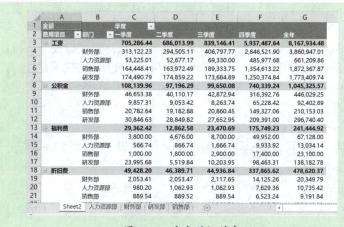

图 7-18 完成的汇总表

数据透视表的制作很简单，但格式化报表时有些麻烦。由于得到的是数据透视表，因此可以使用这个数据透视表进行布局和分析。

例如，可以通过拖动字段改变报表布局，将字段"部门"拖出数据透视表，即可得到每个费用项目在各季度的合计数，如图 7-19 所示。

金额	季度				
费用项目	一季度	二季度	三季度	四季度	全年
工资	705,286.44	686,013.99	839,146.41	5,937,487.64	8,167,934.48
公积金	108,139.96	97,196.29	99,650.08	740,339.24	1,045,325.57
福利费	29,362.42	12,862.58	23,470.69	175,749.23	241,444.92
折旧费	49,428.20	46,389.71	44,936.84	337,865.62	478,620.37
差旅费	23,474.99	20,081.06	22,621.51	164,773.82	230,951.38
办公费	87,724.63	94,054.98	265,749.40	1,626,938.02	2,074,467.04
电费	22,301.10	21,134.70	24,919.26	219,264.95	287,620.01
车辆使用费	27,519.17	62,069.21	91,599.95	658,105.60	839,293.93
劳保用品	13,127.25	11,036.90	9,961.65	113,753.62	147,879.42
通讯费	86,072.12	72,091.26	68,587.93	493,898.37	720,649.69
餐饮费	41,545.36	56,354.59	206,518.78	839,029.38	1,143,448.10
业务招待费	21,230.34	20,812.50	24,786.30	259,646.12	326,475.25
合计	1,215,212.00	1,200,097.76	1,721,948.79	11,566,851.62	15,704,110.17

图 7-19　每个费用项目在各季度的合计数

将"费用项目"拖出数据透视表，保留部门，即可得到每个部门每个季度的费用合计表，如图 7-20 所示。

金额	季度				
部门	一季度	二季度	三季度	四季度	全年
财务部	878,299.02	845,554.07	1,246,968.34	8,448,978.07	11,419,799.49
人力资源部	278,499.94	292,385.53	488,838.88	3,148,669.55	4,208,393.89
销售部	521,282.16	534,554.35	753,959.10	5,050,721.27	6,860,516.87
研发部	752,342.89	727,701.56	954,131.26	6,485,334.37	8,919,510.08
总计	2,430,423.99	2,400,195.52	3,443,897.58	23,133,703.24	31,408,220.34

图 7-20　每个部门每个季度的费用合计表

7.2.2　一维表的合并：现有连接 +SQL 语句

前面介绍的是利用多重合并计算数据区域合并二维表。所谓二维表，就是只有一列文本标题、一行文本标题，从第二行第二列开始都是要汇总的数字。

如果要合并的数据源工作表是一维表呢？也就是有多列标题的情况，如每月的工资表、每年的销售明细表等。此时，可以使用两种最高效的方法：现有连接 +SQL 语句和 Power Query。本小节主要介绍现有连接 +SQL 语句的合并方法，Power Query 方法将在 7.3 节介绍。

案例 7-4　使用现有连接 +SQL 语句快速合并汇总一维表

图 7-21 所示是 12 个月的工资表数据，它们的列结构完全相同（列名、列顺序），行数有多有少（每月的员工有进有出）。现在要将这 12 个月的工资表数据汇总到一个工作表上。

图 7-21　12 个月的工资表数据

很多人会想到，一个工作表一个工作表地将数据粘贴到一起，这样做不仅麻烦，也无法做到一键刷新。如果某个月的工资数据变化了，难道要再复制一遍吗？

下面是使用现有连接+SQL 语句合并汇总 12 个月工资表数据的主要方法和步骤。

步骤1　选择"数据"→"现有连接"命令，如图 7-22 所示。

图 7-22　选择"现有连接"命令

步骤2　打开"现有连接"对话框，单击底部的"浏览更多"按钮，如图 7-23 所示。

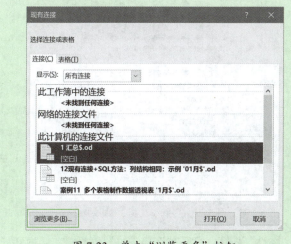

图 7-23　单击"浏览更多"按钮

步骤3　打开"选取数据源"对话框，从文件夹中选择要合并汇总的工作簿，如图 7-24 所示。

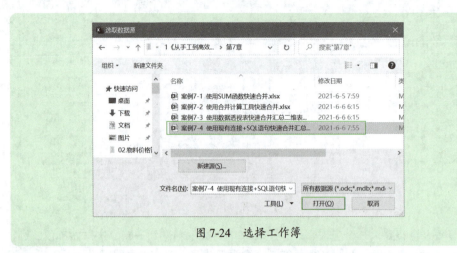

图 7-24 选择工作簿

步骤4 单击"打开"按钮,打开"选择表格"对话框,保持默认设置,如图 7-25 所示。

图 7-25 打开"选择表格"对话框,保持默认设置

步骤5 单击"确定"按钮,打开"导入数据"对话框,如图 7-26 所示。

图 7-26 "导入数据"对话框

步骤6 单击底部的"属性"按钮,打开"连接属性"对话框,切换到"定义"选项卡,在"命令文本"输入框中输入如下 SQL 命令文本,如图 7-27 所示。

select '01 月 ' as 月份 ,* from [1 月 $]
union all

select '02 月 ' as 月份 ,* from [2 月 $]
union all
select '03 月 ' as 月份 ,* from [3 月 $]
union all
select '04 月 ' as 月份 ,* from [4 月 $]
union all
select '05 月 ' as 月份 ,* from [5 月 $]
union all
select '06 月 ' as 月份 ,* from [6 月 $]
union all
select '07 月 ' as 月份 ,* from [7 月 $]
union all
select '08 月 ' as 月份 ,* from [8 月 $]
union all
select '09 月 ' as 月份 ,* from [9 月 $]
union all
select '10 月 ' as 月份 ,* from [10 月 $]
union all
select '11 月 ' as 月份 ,* from [11 月 $]
union all
select '12 月 ' as 月份 ,* from [12 月 $]

图 7-27　输入 SQL 命令文本

步骤7 单击"确定"按钮,返回"导入数据"对话框,先选中"新工作表"单选按钮,确定数据的保存位置。

关于数据显示方式,如果需要的结果是每个工作表数据的并集(堆积在一起),就选中"表"单选按钮;如果想要以合并的数据制作数据透视表,就选中"数据透视表"单选按钮,如图 7-28 和图 7-29 所示。

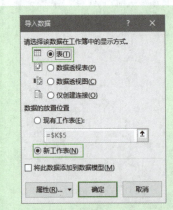
图 7-28 选择"表",得到堆积明细

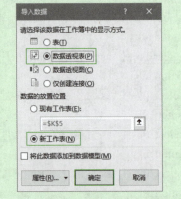
图 7-29 选择"数据透视表",得到分析表

步骤8 单击"确定"按钮,即可得到合并结果。图 7-30 所示是选择"表"后得到的合并堆积表,图 7-31 所示是选择"数据透视表"后得到的数据透视表。

图 7-30 合并堆积表

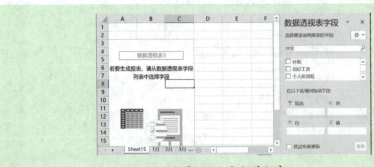
图 7-31 数据透视表

这种现有连接+SQL语句合并汇总的方法，可以在不打开数据源工作簿的情况下进行，非常方便。汇总完毕，如果数据源工作表中的数据发生变化了，在汇总表数据单元格右击，在弹出的快捷菜单中选择"刷新"命令，即可更新为最新数据。

7.3 利用 Power Query 快速合并汇总

Power Query 是 Excel 2016 及之后版本中强大的数据处理与分析工具，又称为"超级查询"，它不仅可以用于数据查询，还可以合并大量工作表，无论是一个工作簿中的多个工作表还是多个工作簿中的多个工作表，都可以迅速地进行合并汇总。

7.3.1 合并汇总一个工作簿中的多个工作表

利用 Power Query 快速合并汇总一个工作簿中的多个工作表数据非常简单，只需按照向导进行操作即可快速完成。

案例 7-5　利用 Power Query 合并汇总一个工作簿中的多个工作表

下面以案例 7-4 中的 12 个月工资表数据为例，介绍利用 Power Query 进行合并汇总的方法和步骤。

步骤1　在当前工作簿内插入一个新工作表，重命名为"汇总表"。
步骤2　选择"数据"→"新建查询"→"从文件"→"从工作簿"命令，如图 7-32 所示。
步骤3　打开"导入数据"对话框，从文件夹中选择工作簿，如图 7-33 所示。

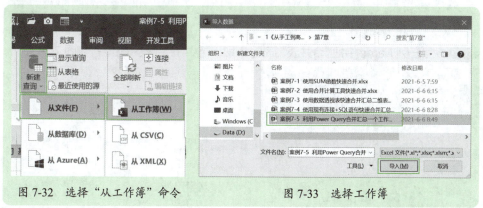

图 7-32　选择"从工作簿"命令　　　　图 7-33　选择工作簿

步骤4　单击"导入"按钮，打开"导航器"对话框，在左侧列表中选择顶部的工作簿名称，如图 7-34 所示。
步骤5　单击右下角的"转换数据"按钮，打开 Power Query 编辑器，如图 7-35 所示。

图 7-34 选择工作簿名称

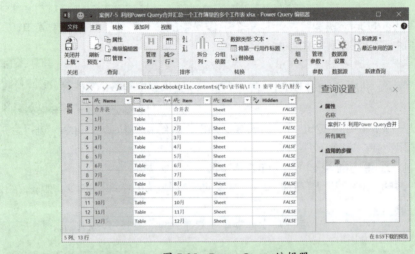

图 7-35 Power Query 编辑器

步骤6 从第一列 Name 中把"合并表"筛选掉,取消选中"合并表"复选框,如图 7-36 所示。

图 7-36 取消选中"合并表"复选框

步骤7 选择右侧三列并右击，在弹出的快捷菜单中选择"删除列"命令，将它们删除，如图 7-37 所示。

图 7-37 选择"删除列"命令

步骤8 单击 Data 列右侧的展开按钮，展开筛选列表，保留所有的 Column，取消选中"使用原始列名作为前缀"复选框，如图 7-38 所示。

图 7-38 取消选中"使用原始列名作为前缀"复选框

步骤9 单击"确定"按钮，即可得到工作簿中 12 个月的工作表数据的汇总表，如图 7-39 所示。

图 7-39 12 个月的工作表数据的汇总表

步骤10 这种汇总实质上是把这些工作表中包括第一行标题在内的所有数据都抓取过

来，并堆到了一起，因此可以使用第一个表的标题作为合并表的标题，单击"将第一行用作标题"按钮即可，如图 7-40 所示。

图 7-40　单击"将第一行用作标题"按钮

步骤11　经过步骤 10 后，第一列的月份名称变成日期，在右侧的"应用的步骤"列表框中，也看到了一个自动增加的步骤"更改的类型"，如图 7-41 所示。

图 7-41　自动出现的步骤"更改的类型"，月份名称被修改为日期

此时，单击"更改的类型"步骤左侧的"删除"按钮×，将此步骤删除，恢复月份名称。

步骤12　将第一个工作表的标题用作合并表的标题，汇总表中还有 11 个工作表的标题，因此在某个容易筛选的列中（如"性别"列）将多余的 11 个标题筛选掉，如图 7-42 所示。

图 7-42　筛选掉多余的标题

步骤13 单击"确定"按钮,即可得到12个月工资表的合并汇总表,如图7-43所示。

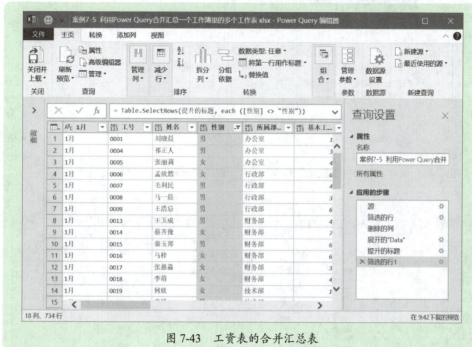

图7-43 工资表的合并汇总表

步骤14 将第一列的默认标题"1月"修改为"月份",再选择所有的数字列,将数据类型设置为"小数",如图7-44所示,选择"数据类型"下拉列表中的"小数"即可。

步骤15 在右侧的"查询设置"窗格中,将默认的查询名称修改为"工资合并表",如图7-45所示。

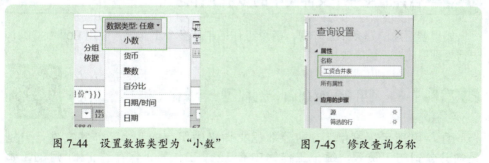

图7-44 设置数据类型为"小数"　　图7-45 修改查询名称

步骤16 选择"文件"→"关闭并上载至"命令,如图7-46所示,打开"加载到"对话框,选中"表"单选按钮,并指定数据的保存位置为"现有工作表",位置是"合并表"的A1单元格,如图7-47所示。

步骤17 单击"加载"按钮,即可得到12个月工资表的汇总表,如图7-48所示。

图 7-46 选择"关闭并上载至"命令

图 7-47 设置数据加载选项

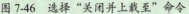

图 7-48 12 个月的工资表的汇总表

7.3.2 合并汇总一个文件夹中的多个工作簿

如果要汇总的是多个工作簿，每个工作簿中有多个工作表，使用 Power Query 进行处理最简单、最高效。

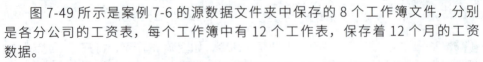

案例 7-6　利用 Power Query 合并汇总一个文件夹中的多个工作簿

图 7-49 所示是案例 7-6 的源数据文件夹中保存的 8 个工作簿文件，分别是各分公司的工资表，每个工作簿中有 12 个工作表，保存着 12 个月的工资数据。

下面要在不打开这 8 个工作簿的情况下将总共 96（8×12）个工作表的数据汇总到一个新工作簿中，具体的操作步骤如下。

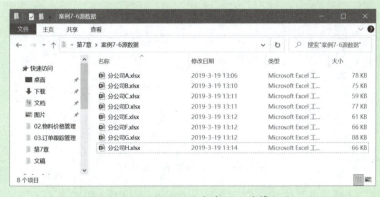

图 7-49　源数据文件夹中的工作簿文件

步骤1 新建一个工作簿。

步骤2 选择"数据"→"新建查询"→"从文件"→"从文件夹"命令，如图 7-50 所示。

图 7-50　选择"从文件夹"命令

步骤3 打开"浏览"对话框，选择要保存合并工作簿的文件夹，如图 7-51 所示。

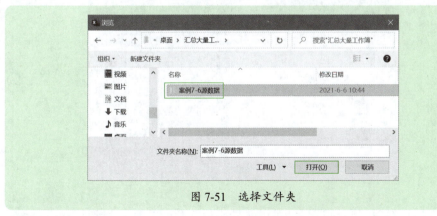

图 7-51　选择文件夹

步骤4 单击"打开"按钮，打开一个文件浏览对话框，如图 7-52 所示，可以看到要合并的几个工作簿文件。

图 7-52 显示要汇总的工作簿

步骤5 单击"转换数据"按钮,打开 Power Query 编辑器,如图 7-53 所示。

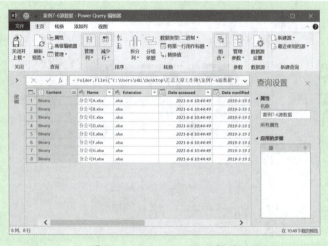

图 7-53 Power Query 编辑器

步骤6 保留前两列 Content 和 Name,将其余各列删除,如图 7-54 所示。

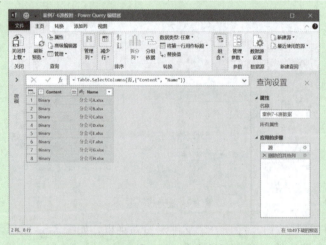

图 7-54 保留前两列,将其余各列删除

步骤7 选择 Name 列（第 2 列），选择"转换"→"提取"→"分隔符之前的文本"命令，如图 7-55 所示。

图 7-55 选择"分隔符之前的文本"命令

步骤8 打开"分隔符之前的文本"对话框，输入句点"."作为分隔符，如图 7-56 所示，准备从工作簿名称中提取分公司名称。

图 7-56 输入句点"."作为分隔符

步骤9 单击"确定"按钮，即可得到每个分公司的名称，如图 7-57 所示。

图 7-57 提取每个分公司的名称

步骤10 选择"添加列"→"自定义列"命令，如图 7-58 所示。

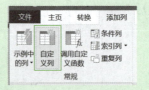

图 7-58 选择"自定义列"命令

步骤11 打开"添加自定义列"对话框,输入如下的自定义列公式,如图 7-59 所示。

=Excel.Workbook([Content])

注意区分字母的大小写,Power Query 中的函数是严格区分大小写的。

图 7-59 修改自定义列公式

步骤12 单击"确定"按钮,即可在查询表的右侧增加"自定义"列,要汇总的工作簿数据都在这个 Table 中,如图 7-60 所示。

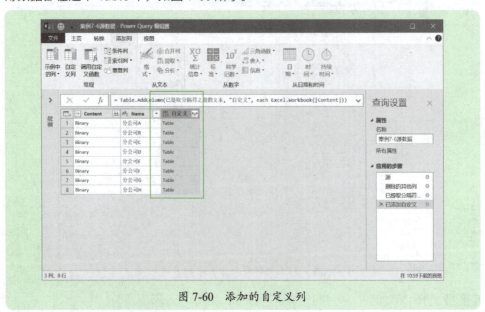

图 7-60 添加的自定义列

步骤13 删除最左侧的 Content 列。

步骤14 单击"自定义"列右侧的展开按钮，然后选中 Name 和 Data 复选框，取消选中其他所有的选项，如图 7-61 所示。

图 7-61　选中 Name 和 Data 复选框

这里的 Name 指的是每个工作簿中的工作表名称，Data 指的是每个工作表中的数据，因此这两个字段都需要。

步骤15 单击"确定"按钮，即可将每个工作簿中的工作表展开，如图 7-62 所示。

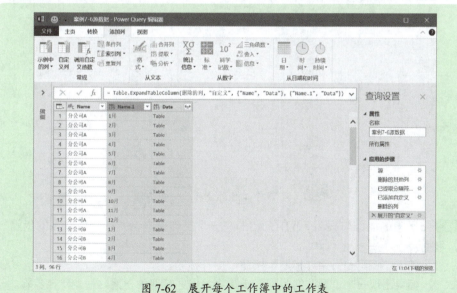

图 7-62　展开每个工作簿中的工作表

步骤16 单击 Data 列右侧的展开按钮，选中所有的 Column 复选框，如图 7-63 所示。

步骤17 单击"确定"按钮，即可得到全部工作簿、全部工作表的数据合并表，如图 7-64 所示。

图 7-63 选中所有的 Column 复选框

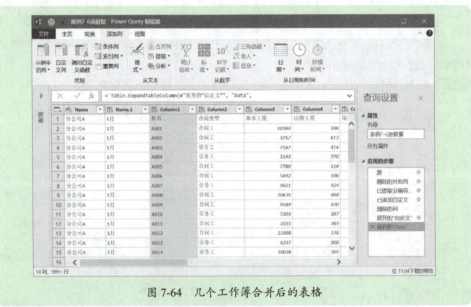

图 7-64 几个工作簿合并后的表格

步骤18 接下来的操作与案例 7-5 中介绍的在一个工作簿内合并多个工作表的步骤一样，包括：

(1) 单击"将第一行用作标题"按钮，提升标题。
(2) 如果出现一个"更改的类型"步骤将月份名称变为日期，就删除该步骤。
(3) 筛选掉多余的标题。
(4) 修改默认的字段名称（第 1 列的分公司名称和第 2 列的月份名称）。
(5) 设置所有数值列的数据类型为"小数"。
(6) 修改查询名称。

这样即可得到 8 个工作簿总共 96 个工作表数据的汇总表，如图 7-65 所示。

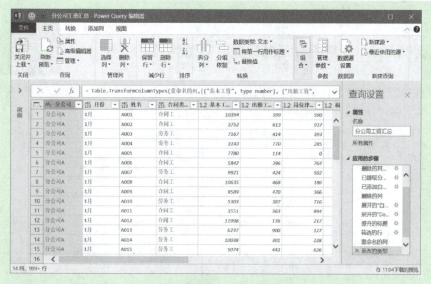

图 7-65　8 个工作簿共 96 个工作表数据的汇总表

步骤19 将合并结果加载到 Excel 工作表中，如图 7-66 所示。

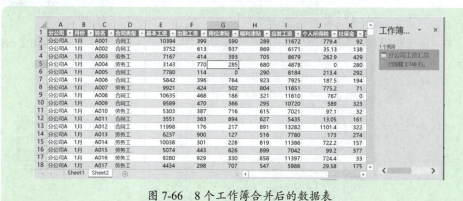

图 7-66　8 个工作簿合并后的数据表

7.4　快速汇总有关联的工作表

在实际工作中可能设计了几个有关联的工作表，这些工作表中保存了不同业务的数据，现在希望通过一个或多个关联字段将这些工作表数据汇总合并到一个工作表中，得到一个完整的数据表。此时，有很多种方法可供选择，如使用 VLOOKUP 函数、Microsoft Query 工具、Power Query 工具等。

7.4.1　使用函数汇总有关联的工作表

使用函数汇总有关联的工作表是最常见的方法，也是最基本的方法，常见的函数有 VLOOKUP、MATCH、INDEX 等。下面结合一个简单的案例进行介绍，顺便也复习一下这三个函数的用法。

案例 7-7 使用函数汇总有关联的工作表

图 7-67 所示是工作簿内的"销售明细"和"产品资料"两个工作表，现在的任务是在主表"销售明细"中将产品数据补充完整，并自动计算出销售额。

图 7-67 "销售明细"和"产品资料"工作表

在"销售明细"工作表中添加 4 列"产品编码""规格""价格""销售额"，如图 7-68 所示。

图 7-68 重新设计主表的结构

各单元格的公式如下，向下复制即可得到全部数据，结果如图 7-69 所示。
- 单元格 B2：=INDEX(产品资料 !A:A,MATCH(C2, 产品资料 !B:B,0))
- 单元格 D2：=VLOOKUP(C2, 产品资料 !B:D,2,0)
- 单元格 F2：=VLOOKUP(C2, 产品资料 !B:D,3,0)
- 单元格 G2：=E2*F2

图 7-69 使用函数提取关联数据

7.4.2 使用 Microsoft Query 工具汇总有关联的工作表

前面介绍的使用函数合并工作表的操作是非常不方便的，因为要重新设计表格，无法实现自动合并汇总，如果数据量大、运算速度很慢，那么此时就需要使用其他方法了。

Microsoft Query 工具是任何一个 Excel 版本都可以使用的方法，下面介绍 Microsoft Query 工具的具体应用。

案例 7-8　使用 Microsoft Query 工具汇总有关联的工作表

以案例 7-7 中的两个表格数据为例，使用 Microsoft Query 工具进行汇总的具体方法和步骤如下。

步骤1 选择"数据"→"自其他来源"→"来自 Microsoft Query"命令，如图 7-70 所示。

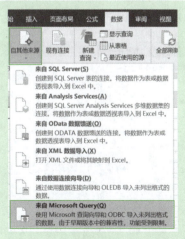

图 7-70　选择"来自 Microsoft Query"命令

步骤2 打开"选择数据源"对话框,从"数据库"列表框中选择 Excel Files 选项,如图 7-71 所示。这里要注意底部的"使用 | 查询向导 | 创建 / 编辑查询"复选框为勾选状态。

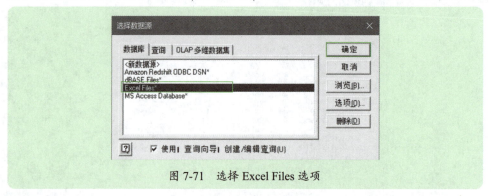

图 7-71　选择 Excel Files 选项

步骤3 单击"确定"按钮,打开"选择工作簿"对话框,从文件夹中选择工作簿,如图 7-72 所示。

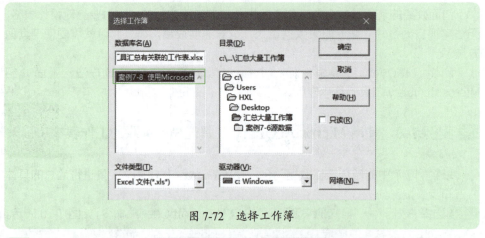

图 7-72　选择工作簿

步骤4 单击"确定"按钮,打开"查询向导 - 选择列"对话框,如图 7-73 所示。

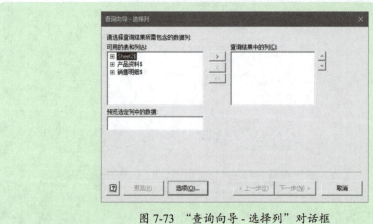

图 7-73　"查询向导 - 选择列"对话框

步骤5 从左侧的"可用的表和列"列表框中,将两个工作表的列添加到右侧的"查询结果中的列"列表框中,并对各字段进行重新排序,如图 7-74 所示。

图 7-74　添加查询表中的列

步骤6 单击"下一步"按钮,弹出警示对话框,提示需要在 Microsoft Query 中拖动字段,人工链接,如图 7-75 所示。

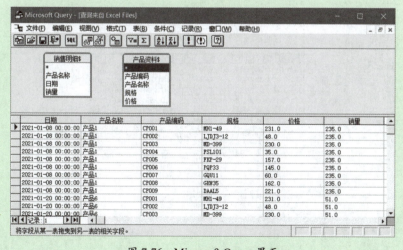

图 7-75　警示对话框

步骤7 单击"确定"按钮,即可打开 Microsoft Query 界面,如图 7-76 所示。在这个界面的上面显示要链接的表,下面是结果的预览表。

图 7-76　Microsoft Query 界面

步骤8 将某个表的关联字段拖到另一个表的关联字段上,建立表的链接,如图 7-77 所示,得到两个表的合并表。

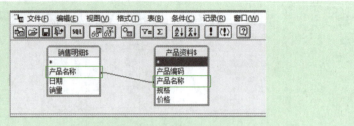

图 7-77　拖动关联字段建立链接

步骤9 选择"文件"→"将数据返回 Microsoft Excel"命令,如图 7-78 所示。

步骤10 打开"导入数据"对话框,选中"表"和"新工作表"单选按钮,如图 7-79 所示。

图 7-78　"将数据返回 Microsoft Excel"命令　　图 7-79　选中"表"和"新工作表"单选按钮

步骤11 单击"确定"按钮,即可得到两个关联工作表的合并表,如图 7-80 所示。

	A	B	C	D	E	F
1	日期	产品名称	产品编码	规格	价格	销量
2	2021-1-8 0:00	产品1	CP001	MH1-49	231	235
3	2021-2-20 0:00	产品2	CP002	LJDJ3-12	48	164
4	2021-3-26 0:00	产品2	CP002	LJDJ3-12	48	42
5	2021-3-15 0:00	产品3	CP003	MD-399	230	97
6	2021-5-15 0:00	产品4	CP004	FSL101	35	156
7	2021-1-22 0:00	产品5	CP005	FKP-29	157	108
8	2021-1-20 0:00	产品6	CP006	PQP33	145	51
9	2021-3-22 0:00	产品6	CP006	PQP33	145	252
10	2021-5-25 0:00	产品6	CP006	PQP33	145	39
11	2021-3-11 0:00	产品6	CP006	PQP33	145	132
12	2021-3-25 0:00	产品7	CP007	GQU11	60	24
13	2021-2-13 0:00	产品7	CP007	GQU11	60	82
14	2021-5-8 0:00	产品7	CP007	GQU11	60	39
15	2021-2-7 0:00	产品8	CP008	GKW35	162	154
16	2021-4-19 0:00	产品9	CP009	DAAL5	221	126
17	2021-5-7 0:00	产品9	CP009	DAAL5	221	104

图 7-80　两个关联工作表的合并表

7.4.3 使用 Power Query 工具汇总有关联的工作表

尽管 Microsoft Query 使用起来很简单，但对于数据的进一步加工处理就无能为力了。例如，无法在 Microsoft Query 中添加一列来自动计算销售额，此时可以使用另外一个更加强大的工具——Power Query。

案例 7-9 使用 Power Query 工具汇总有关联的工作表

以案例 7-7 中两个表格的数据为例，使用 Power Query 工具进行关联汇总的具体方法和步骤如下。

步骤1 选择"数据"→"新建查询"→"从文件"→"从工作簿"命令，打开"导入数据"对话框，从文件夹中选择工作簿，打开"导航器"对话框，先选中"选择多项"复选框，再选择两个工作表，如图 7-81 所示。

图 7-81 选中"选择多项"复选框和两个工作表

步骤2 单击"转换数据"按钮，打开 Power Query 编辑器，如图 7-82 所示。

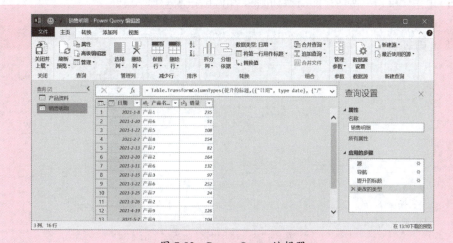

图 7-82 Power Query 编辑器

步骤3 选择"合并查询"→"将查询合并为新查询"命令，如图 7-83 所示。

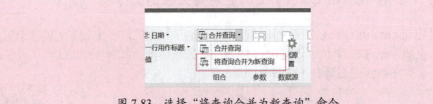

图 7-83 选择"将查询合并为新查询"命令

步骤4 打开"合并"对话框，分别选择两个工作表，并选择两个工作表的"产品名称"，建立联接，在"联接种类"下拉列表中选择"左外部(第一个中的所有行，第二个中的匹配行)"选项，如图 7-84 所示。

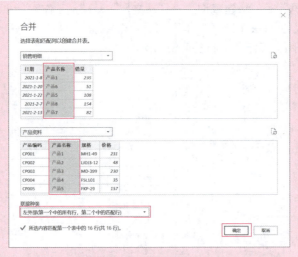

图 7-84 建立两个表的联接

步骤5 单击"确定"按钮，即可得到如图 7-85 所示的合并结果。

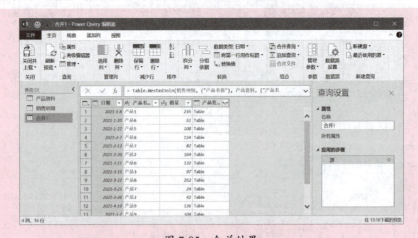

图 7-85 合并结果

步骤6 单击第 4 列"产品资料"右侧的展开按钮，选中"产品编码""规格""价格"复选框，取消勾选其余的所有选项，如图 7-86 所示。

图 7-86 选中"产品编码""规格""价格"复选框

步骤7 单击"确定"按钮，即可得到两个关联表的合并表，如图 7-87 所示。

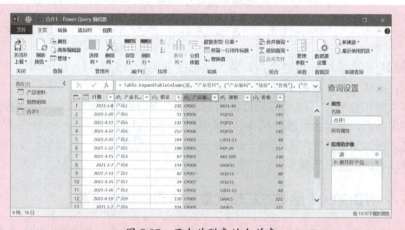

图 7-87 两个关联表的合并表

步骤8 调整各列的次序，然后添加一个自定义列"销售额"，如图 7-88 所示。

图 7-88 添加自定义列后的合并表

步骤9 修改查询名称为"汇总表",并将数据加载到 Excel 中,即可得到两个关联表的汇总表,如图 7-89 所示。

日期	产品编码	产品名称	规格	价格	销量	销售额
2021-1-8	CP001	产品1	MH1-49	231	235	54285
2021-1-20	CP006	产品6	PQP33	145	51	7395
2021-3-11	CP006	产品6	PQP33	145	132	19140
2021-3-22	CP006	产品6	PQP33	145	252	36540
2021-2-20	CP002	产品2	LJDJ3-12	48	164	7872
2021-1-22	CP005	产品5	FKP-29	157	108	16956
2021-3-15	CP003	产品3	MD-399	230	97	22310
2021-2-7	CP008	产品8	GKW35	162	154	24948
2021-2-13	CP007	产品7	GQU11	60	82	4920
2021-3-25	CP007	产品7	GQU11	60	24	1440
2021-3-26	CP002	产品2	LJDJ3-12	48	42	2016
2021-4-19	CP009	产品9	DAAL5	221	126	27846
2021-5-7	CP009	产品9	DAAL5	221	104	22984
2021-5-8	CP007	产品7	GQU11	60	39	2340
2021-5-15	CP004	产品4	FSL101	35	156	5460
2021-5-25	CP006	产品6	PQP33	145	39	5655

图 7-89 两个关联表的汇总表

7.5 利用 INDIRECT 函数快速合并汇总

前面介绍的多个表格的合并汇总方法都是使用现有的工具,按照向导的方法快速完成,操作简单,容易掌握。

在实际工作中,有些表格无法使用这些工具进行合并汇总,因为不满足这些工具的使用条件,并且合并表的结构必须与源表一致,此时就需要使用函数来解决。

在进行大量工作表的汇总时,INDIRECT 函数是最核心的,联合其他的函数就可以构建动态的汇总分析模型。

7.5.1 INDIRECT 函数:汇总大量工作表的核心函数

从字面上看,INDIRECT 翻译过来就是间接的意思,既然是间接的,就不是直接的。这个函数是如何"间接的"呢?

如图 7-90 所示是要做的一个查询表,希望得到任意的指定工作表、指定单元格的引用(取数),现在指定了工作表 Sheet3 和单元格 E5,因此直接引用公式为"=Sheet3!E5"。

图 7-90 直接引用

现在不想从工作表 Sheet3 中取数，也不想从单元格 E5 中取数，想改为从工作表 Sheet5 的单元格 B2 中取数，是重新用鼠标选择，还是直接修改公式中的工作表名称和单元格地址，把公式改成"=Sheet5!B2"呢？

先看一下直接引用单元格的公式字符串（即删除等号，剩下的称为公式字符串）的结构。公式字符串由三部分组成（如果是引用当前的工作表，就无需工作表名称和感叹号了，公式是"=E5"，公式字符串就是E5）。

工作表名称＋感叹号（！）＋单元格地址

在这个字符串中，工作表名称是单元格 D3 中指定的工作表名称字符，单元格地址是单元格 D4 中指定的单元格名称字符。

能不能用单元格 D3 和 D4 中的字符分别代替引用公式中的工作表名称和单元格名称呢？这样，只要改变单元格 D3 的工作表名字和 D4 的单元格地址，就可以从不同工作表、不同单元格中取数了。

首先连接一个字符串：

=D3&"!"&D4

结果是字符串 "Sheet3!E5"，这个字符串恰好就是工作表 Sheet3 中单元格 E5 的地址，能不能把这个字符串的双引号去掉，变成直接引用的效果呢？完全可以，使用 INDIRECT 函数的公式如下：

=INDIRECT(D3&"!"&D4)

这个公式并没有直接去找指定的工作表、指定的单元格，而是借助单元格 D3 中的工作表名称和 D4 中的单元格地址，间接引用了指定的工作表和指定的单元格。这样,只要改变单元格 D3 中的工作表名称和 D4 中的单元格地址,就可以获取该工作表、该单元格中的数据，公式不变，结果却千变万化。间接引用的结果如图 7-91 所示。

图 7-91　间接引用的结果

综上所述，INDIRECT 函数的功能是把一个字符串表示的单元格地址转换为引用，用法如下：

=INDIRECT(字符串表示的单元格地址，引用方式)

这里需要注意以下几点。

● INDIRECT 函数转换的对象是一个文本字符串。

- 这个文本字符串必须能够表达为单元格或单元格区域的地址，如 "C5"" 去年 !M10"" 一季度 !C5",如果这个字符串不能表达为单元格地址,就会出现错误，如 " 一季度 C5"（少了一个感叹号）。
- 这个字符串是自己手动连接（&）起来的。
- INDIRECT 函数转换的结果是这个字符串所代表的单元格或单元格区域的引用，如果是一个单元格，会得到该单元格的值；如果是一个单元格区域，结果可能是一个值，也可能是错误值。
- 如果忽略函数的第 2 个参数或者输入 TRUE，表示的是 A1 引用方式（就是常规的方式，列标是字母，行号是数字，如 C5 表示 C 列第 5 行）；如果输入 FALSE，表示的是 R1C1 引用方式（此时的列标是数字，行号是数字，字母 R 表示行，C 表示列，如 R5C3 表示第 5 行第 3 列，也就是常规的 C5 单元格；如果不写 C，仅仅写了 R，则表示整行，如 R3 表示第 3 行；如果不写 R，仅仅写了 C，则表示整列，如 C5 表示第 5 列）。
- 大部分情况下，忽略第 2 个参数即可，个别情况需要设置为 FALSE，这样可以简化公式，解决移动引用区域的问题。

了解了 INDIRECT 函数的基本原理和使用方法之后，下面介绍 INDIRECT 函数的几个实际应用案例，以加深对 INDIRECT 函数的理解。

7.5.2 INDIRECT 函数：快速抓取每个表格的合计数

工作中经常会设计这样的表格：每个工作表是单独的明细数据，在最底部是小计行，而且这个小计行的位置会发生变化。如何对这种表格的小计行进行汇总呢？

案例 7-10 INDIRECT 函数：快速抓取每个表格的合计数

如图 7-92 所示是每个客户的回款、发货和结算明细表，表格的数据会随着时间的推移而增加，小计行也会向下移动。

		回款明细			发货明细						余款明细		结算明细			月底发货未开票明细	
日期	货物名称	提货吨数	单价	回款金额	车号	毛重	皮重	净重	单价	应收金额	余吨	余款	结算吨数	结算单价	结算金额	发货未开票	未开票金额
2018-4-3	沥青	200	2100	420000	京A6785	32	12	20	2100	42000	180	378000	0		0	20	42000
2018-4-4	沥青				京A6786	54	23	31	2100	65100	149	312900				51	107100
2018-4-5	沥青				京A6787	54	23	31	2100	65100	118	247800				82	172200
2018-4-7	沥青				京A6789	54	28	26	2100	54600	92	193200				108	226800
2018-4-9	沥青				京A6791	32	12	20	2100	42000	72	151200	50	2100	105000	78	163800
2018-4-10	沥青	200	2000	400000	京A6792	32	12	20	2000	40000	252	511200				98	203800
2018-4-11	沥青				京A6793	32	12	20	2000	40000	232	471200	20	2050		98	243800
2018-4-12	沥青				京A6794	32	12	20	2000	40000	212	431200				118	283800
2018-4-13	沥青				京A6795	32	12	20	2000	40000	192	391200				138	323800
2018-4-14	沥青				京A6796	32	12	20	2000	40000	172	351200				158	363800
小计		400		820000				228		468800		351200	70		105000	158	363800

汇总 客户A 客户B 客户C 客户D 客户E

图 7-92 每个客户的回款、发货和结算明细表

现在的任务是：将每个客户工作表中最后一行的小计数提取出来，制作如图 7-93 所示的汇总表。还要解决一个问题：客户的数据增加后，实现自动抓取并添加。

客户	回款金额	净重	应收金额	余款	结算吨数	结算金额	发货未开票	未开票金额
客户A								
客户B								
客户C								
客户D								
客户E								

汇总 客户A 客户B 客户C 客户D 客户E

图 7-93　要求的汇总表

汇总表中 A 列的客户名称就是每个工作表的名称，因此可以借助这列的名称间接引用每个工作表。

另外，不同业务的数据存放在不同的列中，但是取数的位置都是各工作表最后一行的小计数，而小计行的标记是 A 列中有“小计”两个字，因此可以使用 VLOOKUP 函数从各工作表中查找“小计”对应的各列数据，而 VLOOKUP 函数的查找区域可以嵌入一个 INDIRECT 函数做间接引用，取数的列号用 MATCH 函数从各工作表中定位，MATCH 函数的定位区域也使用 INDIRECT 函数做间接引用。

单元格 B2 的查找公式如下：

```
=VLOOKUP(" 小计 ",
            INDIRECT($A2&"!A:R"),
            MATCH(B$1,INDIRECT($A2&"!A2:R2"),0),
            0)
```

汇总结果如图 7-94 所示。

客户	回款金额	净重	应收金额	余款	结算吨数	结算金额	发货未开票	未开票金额
客户A	800,000	202	404,000	396,000	100	200,000	102	204,000
客户B	820,000	228	468,800	351,200	70	105,000	158	363,800
客户C	800,000	295	590,000	210,000	195	390,000	-	200,000
客户D	1,650,000	264	544,400	1,105,600	110	105,000	154	439,400
客户E	800,000	295	590,000	210,000	170	60,000	125	530,000

汇总 客户A 客户B 客户C 客户D 客户E

图 7-94　汇总结果

如果又增加了一个客户工作表，只需把公式向下复制即可，如图 7-95 所示。

客户	回款金额	净重	应收金额	余款	结算吨数	结算金额	发货未开票	未开票金额
客户A	800,000	202	404,000	396,000	100	200,000	102	204,000
客户B	820,000	228	468,800	351,200	70	105,000	158	363,800
客户C	800,000	295	590,000	210,000	195	390,000	-	200,000
客户D	1,650,000	264	544,400	1,105,600	110	105,000	154	439,400
客户E	800,000	295	590,000	210,000	170	60,000	125	530,000
客户F	1,100,000	193	397,300	702,700	60	-	133	397,300

汇总 客户A 客户B 客户C 客户D 客户E 客户F

图 7-95　增加了客户工作表，向下复制公式即可

7.5.3 INDIRECT 函数：建立滚动汇总分析表

财务经营分析并不仅仅是每年年终的年度分析，而是每个月都要进行分析，于

是每个月都要从系统中导出数据，每个月都要汇总计算。

可以利用 INDIRECT 函数，再配合其他的函数制作高效的汇总模板，每个月只需插入工作表和导入数据，汇总数据是自动完成的。

案例 7-11　INDIRECT 函数：建立滚动汇总分析表

图 7-96 所示为每个月的工资表，目前只有 5 个月的数据。现在要求按部门汇总每个月的人工总成本，以便进行人工成本的跟踪分析。

图 7-96　每个月的工资表

设计如图 7-97 所示的汇总表，单元格 B3 中的公式如下：

=IFERROR(
　　　SUMIF(INDIRECT(C$2&"!C:C"),
　　　$B3,
　　　INDIRECT(C$2&"!M:M")),
　　　"")

这个公式使用 SUMIF 函数从每个工作表中按部门条件进行求和，并使用 INDIRECT 函数间接引用每个月工资表的数据区域。当某个工作表不存在时，SUMIF 函数会出现错误，因此使用 IFERROR 函数来屏蔽错误值。

图 7-97　每个月人工成本滚动的汇总表

随着月份的增加后，汇总表中自动完成数据的汇总计算，如图7-98所示。

成本中心	1月	2月	3月	4月	5月	6月	7月	8月	9月	10月	11月	12月	合计
2021年人工成本分析模板													
人力资源部	102814	65326	311667	78028	265153	66658							889645
总经办	57287	51064	190758	82928	165240	56702							603980
财务部	59426	47988	182542	87130	147669	75268							600023
技术部	125665	106798	209137	163638	124117	152981							882336
设备部	87016	75694	278995	107514	320766	98699							968683
信息部	51587	44471	135485	61824	295631	61824							650823
维修	92230	76757	205255	121879	172855	115638							784614
一分厂	193851	165369	493922	215479	483109	201711							1753441
二分厂	657470	607913	826065	826543	805651	754559							4478202
三分厂	264846	259682	1058568	285914	17382	268594							2154986
合计	1692191	1501062	3892393	2030877	2797573	1852635							13766732

图7-98 月份增加时自动完成汇总

第 8 章

利用数据透视表灵活分析数据

无论是财务分析还是销售分析、生产分析、库存分析,都不是仅限于一个维度的分析,更不是一个固定结构的分析,更多的是需要从各个角度进行分析和挖掘,要实现这样的要求,可以使用数据透视表工具。

数据透视表就是以数据库表单为基础,通过一系列的组合计算得到的一张汇总分析报告。可以按照数据分析的需要任意拖动字段来完成不同结构的报表,以得到不同的结果。

8.1 数据透视表的基础是规范表单

数据透视表的背后是数据库的理念，即数据源必须是数据库。Excel 管理的对象也是数据库。

8.1.1 规范表单结构

无论设计何种数据的管理表单，合并单元格是一大忌。尤其是在表单顶部的列标题中，如果使用合并单元格，就无法利用透视表汇总分析数据了。

不同类型的数据绝对不要放在一列保存，遇到这样的情况时要把数据分成几列，因为在数据库中一种类型的数据就是一个字段，每个字段下的数据是同一种类型。如果在一列中既有部门名称又有项目名称，这样的表格结构是错误的。

如果是二维表格，则需要先将表格转换为一维表单，否则，直接用二维表格制作数据透视表会产生大量的字段（因为在数据库中一列就是一个字段），这会给数据的灵活分析带来很大的麻烦。

如果表单中存在大量的空行、空列，必须将其彻底删除。

如果表单中存在很多小计、总计之类的数据，也要将其删除，因为数据透视表可以计算后得出这些数据。

总之，在制作数据透视表之前，要保证数据源是一个标准的数据库表单。

8.1.2 规范表单数据

不论是手工设计表单填入的数据还是从财务软件中导出的数据，数据的不规范是一大问题，几乎每次导出数据后都要进行整理加工，规范的表单数据才能够用于下一步的计算和分析。

先检查表单中的数据有没有问题，如非法日期、文本型数字，并进行规范处理。

检查数据中有没有眼睛看不见的空格、特殊字符、换行符等符号，如果有，就需要先对数据进行整理。

检查是否有空单元格，确认这些空单元格是不是真正的没有数据的单元格，是否需要填充数据。如果是没有数据的单元格，确认是否需要填充数字 0，以及为什么必须填充 0。

检查数据表单中是否有隐藏的列，这些列是干什么的？为什么隐藏起来？确认这些隐藏的列是否需要参与数据透视表的计算，如果是一些无关紧要的列就删除。

检查表单的每列是否都有标题，如果没有，要把标题填写上。

8.2 创建数据透视表的基本方法

依据数据源的具体情况，例如是一个表还是多个表，是一维表还是二维表，是当前的工作簿还是其他尚未打开的工作簿，是 Excel 文件、文本文件还是数据库文件。

不同的数据源类型,数据透视表的制作方法是不同的,操作方法也有所不同。

8.2.1 以当前工作簿中的一个一维工作表创建数据透视表

这是最常见也是最简单的情况。例如,统计一季度的销售数据,按产品汇总每个客户的销量和销售额,找出前10的大客户。

制作这样的报告是很简单的,导出数据,整理加工,插入数据透视表,布局字段,排序筛选,前后不到两分钟,一张统计报表就做好了。

案例 8-1 以当前工作簿中的一个一维工作表创建数据透视表

图8-1所示是从系统中导出的全年销售数据的一维工作表。现在要统计去年销售额前10的大客户。

图 8-1 一维工作表的基础数据

步骤1 单击数据区域的任一单元格。
步骤2 选择"插入"→"数据透视表"命令,如图8-2所示。
步骤3 打开"创建数据透视表"对话框,可以看到系统中已自动选择数据区域,如图8-3所示。

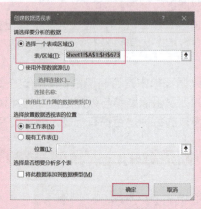

图 8-2 选择"数据透视表"命令　　图 8-3 保持默认设置

步骤4 在对话框中保持默认设置（实际上是自动选择的数据区域，以及透视表显示在新工作表中），单击"确定"按钮，即可得到一个空白的数据透视表，如图8-4所示。

图 8-4　生成空白的数据透视表

🔔 小知识：数据透视表的结构及布局方法

创建数据透视表后，可以看到工作表的左侧是数据透视表，右侧是"数据透视表字段"窗格，如图8-4所示。这里要先了解一下什么是字段。

1. 字段和项目

字段就是数据源的一列数据，有几列就有几个字段，字段名称就是源数据表单的第一行的列标题。

有字段必有项目，项目是字段的组成部分，是保存在每行单元格中的数据，归属于字段。例如，"性别"字段中有两个项目"男"和"女"。

2. "数据透视表字段"窗格的结构及功能

数据透视表的创建非常简单，但是需要手动布局表格结构。确定进行汇总分析时数据汇总分析报告的结构，即将字段进行拖动操作。

在数据透视表的5个窗格中，上面是字段列表，也就是数据源中的列标题名字。下面有4个小窗格，分别用于构建报表的筛选器、行标题、列标题和汇总计算结果。

- **筛选**：用于创建一个或多个对整个透视表的筛选按钮，它的控制对象是整个报表。例如，如果要制作指定月份的报告，就把月份拖到筛选窗格中。
- **行**：用于在一列或多列中构建标题，因为这些标题是保存同一列中不同行的单元格，故称为"行标签"。标签就是标题文字。
- **列**：用于在一行或多行中构建标题，因为这些标题是保存同一行中不同列的单元格，故称为"列标签"。
- **值**：用于显示指定字段的计算结果。在默认情况下，如果是文本字段，拖动到这里的计算结果为计数，如果是数值字段，计算结果为求和。

3. 布局数据透视表

布局透视表的方法很简单，就是在"数据透视表字段"窗格的字段列表中，把某个字段按住不放，拖放到下面的 4 个小窗格中。

也可以直接在字段列表中选中某个字段，但是要注意，如果是文本型字段，选中后该字段默认添加到行窗格，如果是数值型字段，该字段默认添加到值窗格。

例如，将字段"客户名称"和"产品名称"拖到筛选窗格，将字段"月份"拖到行窗格，将字段"地区"拖到列窗格，将"销售额"拖到值窗格，就得到了如图 8-5 所示的基本报表。

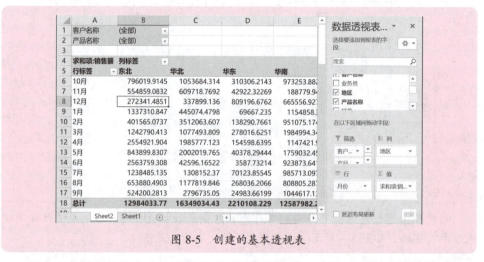

图 8-5 创建的基本透视表

这个报表反映的是每个地区每个月的销售额汇总。在筛选窗格中设置了"客户名称"和"产品名称"字段，因此可以查看某个客户某个产品在每个地区每个月的销售数据。

8.2.2 以当前工作簿中的多个一维工作表创建数据透视表

如果当前工作簿中有多个一维工作表，如全年 12 个月的工资表、各月的日入库表等，这些工作表的结构是一样的，可以直接利用几个表格的数据进行汇总，并创建数据透视表。常见的实用方法有：

（1）现有连接 +SQL 语句。
（2）Power Query+Power Pivot。

案例 8-2　以当前工作簿中的多个一维工作表创建数据透视表（现有连接 +SQL 语句）

这种方法的详细操作步骤请参阅 7.2.2 小节案例 7-4 的内容。在步骤 7 的"导入数据"对话框中选中"数据透视表"和"新工作表"单选按钮，如图 8-6 所示，即可得到一个数据透视表。

详细操作请观看本节视频。

图 8-6 选中"数据透视表"单选按钮创建数据透视表

案例 8-3 以当前工作簿中的多个一维工作表创建数据透视表（Power Query+Power Pivot）

这种方法的详细操作步骤请参阅 7.3.1 小节案例 7-5 的内容。

当把所有工作表的数据汇总起来后，需要将数据加载为连接，并添加到数据模型中，如图 8-7 所示。

图 8-7 选中"仅创建连接"单选按钮和"将此数据添加到数据模型"复选框

然后选择 Power Pivot → "管理"命令，如图 8-8 所示。

图 8-8 选择"管理"命令

在打开的 Power Pivot for Excel 界面中选择"数据透视表"命令，如图 8-9 所示。

图 8-9　选择"数据透视表"命令

选择"数据透视表"命令后，即可打开"创建数据透视表"对话框，选中"新工作表"单选按钮，确定数据透视表的保存位置，如图 8-10 所示。

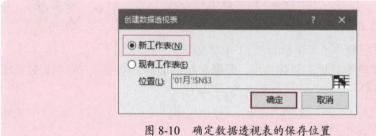

图 8-10　确定数据透视表的保存位置

单击"确定"按钮，即可得到数据透视表，剩下的任务就是对数据透视表进行布局了。

8.2.3　以当前工作簿中的一个二维工作表创建数据透视表

如果要对一个二维表进行数据分析，也可以直接用这个表格创建数据透视表，千万别认为多重合并计算数据区域透视表仅仅用于处理多个二维表。

案例 8-4　以当前工作簿中的一个二维工作表创建数据透视表

图 8-11 所示是每个月各项费用的二维表，现在要建立一个动态分析模型，用于灵活分析指定费用、指定月份的数据。

下面是主要操作步骤的介绍，详细的操作过程请观看视频。

首先按 Alt+D+P 组合键，打开"数据透视表和数据透视图向导"对话框，在第 1 步中选择"多重合并计算数据"，进行到第 2b 步时，选择添加数据区域，如图 8-12 所示。

继续按照向导操作，最后得到的数据透视表如图 8-13 所示。

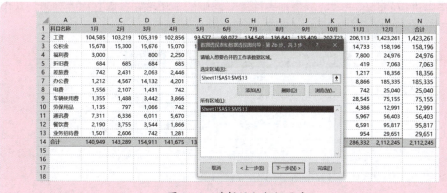

图 8-11　经典的二维工作表

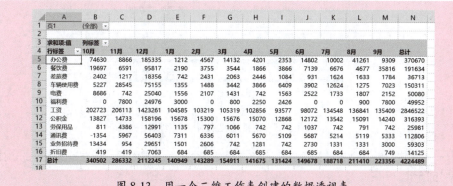

图 8-12　选择添加数据区域

图 8-13　用一个二维工作表创建的数据透视表

这个数据透视表自动生成了 4 个字段，其中"页 1"字段没用，不用管它，"行""列""值"是构成数据透视表的核心字段，据此就可以分析每个月各项费用的情况或者各项费用每个月份的情况。

8.2.4　以当前工作簿中的多个二维工作表创建数据透视表

在 7.2.1 小节的案例 7-3 中介绍过如何利用数据透视表汇总多个二维表，其实就是制作数据透视表，感兴趣的读者可以回看第 7 章的内容，此处不再赘述。

8.3 数据透视表的美化

创建数据透视表并布局字段后,并没有结束,还需要对数据透视表进行美化,增加报表的可读性。本节重点介绍美化数据透视表的方法和技巧。

8.3.1 设置数据透视表的样式

美化数据透视表的第一步是设置其样式,这是在"数据透视表工具"下的"设计"选项卡中进行的。单击"数据透视表样式"右侧的下拉按钮,展开样式列表,从中选择自己喜欢的样式,如图 8-14 所示。

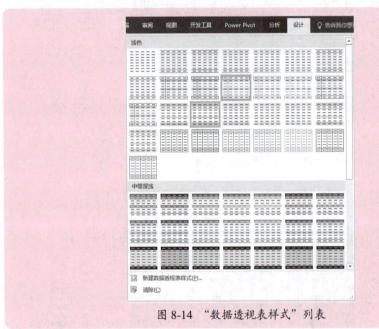

图 8-14 "数据透视表样式"列表

一般来说,清除数据透视表默认的样式,以一个干净的界面展示数据是比较好的,如图 8-15 所示。

	A	B	C	D	E	F	G
1							
2							
3		列标签					
4		加盟		自营		求和项:实际销售金额汇总	求和项:毛利汇总
5	行标签	求和项:实际销售金额	求和项:毛利	求和项:实际销售金额	求和项:毛利		
6	东北	47394.5	29757.67	1078838	148141.54	1126232.5	177899.21
7	华北	993480.6	637323.91	1493425	951320.49	2486905.6	1588644.4
8	华东	1570575.7	1006474.32	7754810.04	4864434.14	9325385.74	5870908.46
9	华南	606835.5	375034.47	655276	400638.61	1262111.5	775673.08
10	华中	195725.5	125410.05	335864	213807.19	531589.5	339217.24
11	西北	374845.5	240490.07	514350.3	343138.06	889195.8	583628.13
12	西南	169104	116873.06	840189.3	531734.82	1009293.3	648607.88
13	总计	3957961.3	2531363.55	12672752.64	7453214.85	16630713.94	9984578.4
14							

图 8-15 清除数据透视表默认的样式

8.3.2 设置报表布局

默认情况下，拖放到行区域或者列区域的字段不会显示真正的字段名称，而是以"行标签"和"列标签"的形式出现。同时，如果有两个以上的字段，会保存在同一列，如图 8-16 所示。

这种报表的显示方式是压缩形式，这也是默认的报表布局。可以设置数据透视表的报表布局，相关命令在"设计"选项卡的"报表布局"下拉列表中，如图 8-17 所示。

 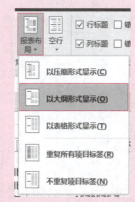

图 8-16　默认的以压缩形式显示的数据透视表　　图 8-17　设置数据透视表的报表布局

这里有三种报表布局方式，分别介绍如下。

- 以压缩形式显示：默认的布局，所有字段压缩在一列，标题是默认的"行标签"和"列标签"。
- 以大纲形式显示：将每个字段分列保存，标题恢复真正的字段名称，每个外部字段的分类汇总（也就是小计）显示在明细项目的顶部。
- 以表格形式显示：将各字段分列保存，标题恢复真正的字段名称，每个外部字段的分类汇总（也就是小计）显示在明细项目的底部。

图 8-18 和图 8-19 所示是两种报表布局方式的结果，分别对应"以大纲形式显示"和"以表格形式显示"，请将这两种布局与原始布局进行比较，看看它们有什么区别。

图 8-18　报表以大纲形式显示　　图 8-19　报表以表格形式显示

8.3.3 修改字段名称

在默认情况下，汇总计算的值字段名字前面都会加上"计数项:"或"求和项:"，如图 8-20 所示，对这样的名称需要进行修改。修改字段名称很简单，直接在单元格中修改即可。但要注意，新名称不能与已经存在的字段名称重名。图 8-21 所示就是修改值字段名称后的报表。

图 8-20　默认的值字段名称　　　　图 8-21　修改值字段名称后的报表

8.3.4 显示/取消分类汇总

每个分类字段（行字段和列字段统称为分类字段）都有分类汇总，显示为"×××汇总"字样，如果只有一个分类字段，这个汇总就不显示了；如果有两个以上的分类字段，外层的字段就会显示自己的分类汇总。在有些情况下必须显示这个分类汇总，但有些情况下显示分类汇总会显得很乱。

如果要取消所有字段的分类汇总，可以选择"设计"→"分类汇总"→"不显示分类汇总"命令，如图 8-22 所示。

如果仅仅是不显示指定字段的分类汇总，就在该字段上右击，在弹出的快捷菜单中选择"分类汇总 ×××"命令，如图 8-23 所示。

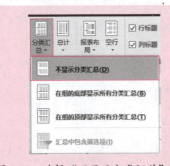

图 8-22　选择"不显示分类汇总"命令　　　　图 8-23　选择"分类汇总×××"命令

8.3.5 显示／取消报表总计

默认情况下，透视表都会有两个总计：列总计和行总计，如图 8-24 和图 8-25 所示。

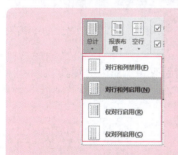

图 8-24　一个值字段的总计情况

图 8-25　多个值字段的总计情况

列总计就是在报表最底部的总计，行总计是在报表最右边的总计。

最底部的列总计总是显示一个固定的名称"总计"，而行总计会根据值字段的不同显示为不同的名字，如果值字段只有一个，行总计就显示"总计"；如果值字段有多个，行总计就会显示多列，每列的标题是"*** 汇总"，如图 8-25 所示。

如果要显示或者隐藏这两个总计，可以选择"设计"→"总计"命令，下拉列表中的选项如图 8-26 所示。

如果仅仅不显示某个总计，可以在"总计"或"*** 汇总"字样的单元格上右击，在弹出的快捷菜单中选择"删除总计"命令，如图 8-27 所示。

图 8-26　通过命令显示／隐藏总计　　　　图 8-27　选择"删除总计"命令

图 8-28 所示就是仅仅显示列总计，而不显示行总计的报表。报表是不是好看一点了？

图 8-28　显示底部的列总计，不显示右侧的行总计的报表

8.3.6 合并标签单元格

合并单元格可以使表格清晰美观，这在报表中是很重要的。

在数据透视表中，也可以将标签单元格合并，使报表更加美观。

合并标签单元格的快速方法是在数据透视表中右击，在弹出的快捷菜单中选择"数据透视表选项"命令，如图 8-29 所示，打开"数据透视表选项"对话框，选中"合并且居中排列带标签的单元格"复选框即可，如图 8-30 所示。

图 8-29　选择"数据透视表选项"命令　　图 8-30　选中"合并且居中排列带标签的单元格"复选框

图 8-31 和图 8-32 所示是合并单元格后的报表，看起来更加清晰美观。

图 8-31　合并单元格后的报表（1）　　图 8-32　合并单元格后的报表（2）

8.3.7 调整字段下项目的次序

在默认情况下，字段下的各项目按照升序排列，如图 8-31 中的"性质"下的两个项目，"加盟"在"自营"的左边。

调整项目的次序很简单，鼠标对准某个项目的单元格边框，出现上、下、左、右四个小箭头（又称为拖放箭头）后，按住左键不放，将该单元格项目拖到指定位置即可。

图 8-33 所示就是对"性质"下的项目进行了调整，同时把华东地区调到最前面，东北地区调到最后面。

	A	B	C	D	E
3		性质	值		
4		自营		加盟	
5	地区	销售额	毛利额	销售额	毛利额
6	华东	7754810.04	4864434.14	1570575.7	1006474.32
7	华北	1493425	951320.49	993480.6	637323.91
8	华南	655276	400638.61	606835.5	375034.47
9	华中	335864	213807.19	195725.5	125410.05
10	西北	514350.3	343138.06	374845.5	240490.07
11	西南	840189.3	531734.82	169104	116873.06
12	东北	1078838	148141.54	47394.5	29757.67
13	总计	12672752.64	7453214.85	3957961.3	2531363.55

图 8-33　手动调整项目的次序

8.3.8　设置数字格式

初步生成的数据透视表的数字格式是很难看的：有的有小数点，有的没有，有的有很多小数点。此时应该设置字段的数字格式，方法很简单，选择数据区域，然后设置单元格格式即可。

如果仅仅是设置某个字段的数字格式，可以在该字段下右击，在弹出的快捷菜单中选择"数学格式"命令，如图 8-34 所示。

图 8-35 所示是设置数字格式后的报表，这里把数字都缩小了 1000 倍显示。

	A	B	C	D	E
2					单位：千元
3		性质	值		
4		自营		加盟	
5	地区	销售额	毛利额	销售额	毛利额
6	华东	7754.81	4864.43	1570.58	1006.47
7	华北	1493.43	951.32	993.48	637.32
8	华南	655.28	400.64	606.84	375.03
9	华中	335.86	213.81	195.73	125.41
10	西北	514.35	343.14	374.85	240.49
11	西南	840.19	531.73	169.10	116.87
12	东北	1078.84	148.14	47.39	29.76
13	总计	12672.75	7453.21	3957.96	2531.36

图 8-34　选择"数字格式"命令　　　图 8-35　将数字缩小至千分之一显示

8.4　利用数据透视表分析数据的主要技能

制作数据透视表仅仅是手段，分析数据才是最终目标。利用数据透视表分析数据是非常灵活的，通过拖动字段、右击鼠标就能快速得到需要的报表。

8.4.1 排序筛选，找出前 10 名客户

去年销量前 10 的大客户有哪些？他们的累计销量占比是多少？销量第一的客户，其销售额也是第一吗？毛利也是第一吗？去年业绩最好的前 5 名业务员是谁？这些业务员负责的都是哪些客户？

诸如上述这些问题，利用数据透视表，仅仅通过数值排序和筛选字段就能迅速地解决。

案例 8-5　制作前 N 名的分析报告

本案例将从销售流水账中找出销量前 10 的客户，基本步骤如下。详细的操作过程请观看视频。

步骤1 布局数据透视表。

步骤2 对销量进行降序排列。在销量列上右击，在弹出的快捷菜单中选择"排序"→"降序"命令，如图 8-36 所示。

步骤3 对客户进行筛选。方法是：在客户列上右击，在弹出的快捷菜单中选择"筛选"→"前 10 个"命令，如图 8-37 所示。

图 8-36　选择"降序"命令　　　　图 8-37　选择"前 10 个"命令

8.4.2 改变值字段的汇总依据，制作多种计算结果的报告

在默认情况下，如果是文本字段，汇总结果是计数；如果是数值字段，计算结果是求和。也可以根据需要对同一个字段使用不同的汇总方式，从而得到不同的计算结果，得到内容更加丰富的分析报告。

设置字段汇总依据是很简单的，在该字段上右击，在弹出的快捷菜单中选择"值汇总依据"命令下的有关计算方式，如图 8-38 所示，或者选择"其他选项"命令，打开"值字段设置"对话框进行设置，如图 8-39 所示。

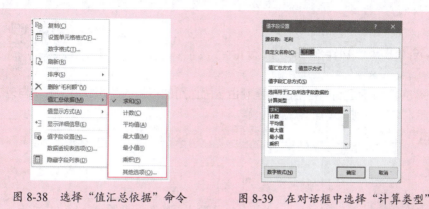

图 8-38　选择"值汇总依据"命令　　　图 8-39　在对话框中选择"计算类型"

案例 8-6　制作多种计算结果的报告

图 8-40 所示是对每个部门的人数、最低工资、最高工资和人均工资进行汇总分析的原始数据，详细的制作过程请观看视频。

图 8-40　分析每个部门的工资情况

8.4.3　改变值字段的显示方式，制作结构分析报告

如果要计算每个地区的销售占比，在数据透视表中只设置"值显示方式"就可以了，相应的命令可以在快捷菜单中找到，也可以在对话框中设置，如图 8-41 和图 8-42 所示。

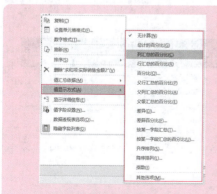 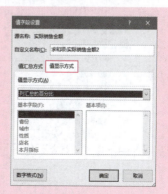

图 8-41　选择"值显示方式"命令　　　图 8-42　在对话框中选择"值显示方式"

案例 8-7 制作结构分析报告

图 8-43 所示是制作各地区销售额占全国比重的报告的原始数据,分为自营店和加盟店,详细的制作过程请观看视频。

地区	自营 销售额	自营 占比	加盟 销售额	加盟 占比
华东	7754810.04	61.19%	1570575.70	39.68%
华北	1493425.00	11.78%	993480.60	25.10%
华南	655276.00	5.17%	606835.50	15.33%
华中	335864.00	2.65%	195725.50	4.95%
西北	514350.30	4.06%	374845.50	9.47%
西南	840189.30	6.63%	169104.00	4.27%
东北	1078838.00	8.51%	47394.50	1.20%
总计	12672752.64	100.00%	3957961.30	100.00%

图 8-43 显示方式为"占列汇总的百分比"

8.4.4 组合日期,制作年报、季报、月报

对于销售流水来说,日期是按天填写的,如果要按年、按季度、按月进行汇总,在数据透视表中应该怎么做?此时,使用数据透视表的"组合"工具即可完成分析报告。

"组合"命令的快速使用是在右键的快捷菜单中查找,或者在"分析"选项卡中查找,如图 8-44 和图 8-45 所示。

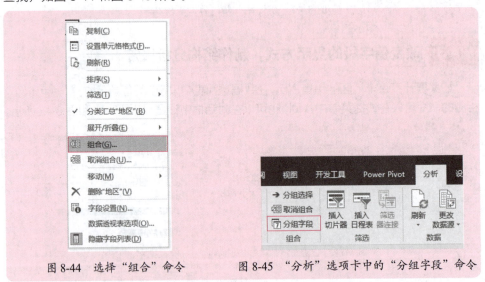

图 8-44 选择"组合"命令　　图 8-45 "分析"选项卡中的"分组字段"命令

案例 8-8　制作年报、季报、月报

如图 8-46 所示的表格，是根据一个销售流水表单制作的按季度、按月的汇总表。详细的操作过程请观看视频。

	A	B	C	D	E	F	G	H
1	求和项:销售量		商品					
2	季度	日期	冰箱	彩电	电脑	空调	相机	总计
3	⊟第一季	1月	422	435	199	584	198	1838
4		2月	563	594	198	597	156	2108
5		3月	486	350	209	573	293	1911
6	第一季 汇总		1471	1379	606	1754	647	5857
7	⊟第二季	4月	178	282	35	470	87	1052
8		5月	881	1091	425	1066	582	4045
9		6月	649	549	204	522	324	2248
10	第二季 汇总		1708	1922	664	2058	993	7345
11	⊟第三季	7月	222	266	70	366	166	1090
12		8月	424	400	94	353	153	1424
13		9月	740	619	199	850	351	2759
14	第三季 汇总		1386	1285	363	1569	670	5273
15	⊟第四季	10月	627	471	27	597	151	1873
16		11月	377	358	48	463	100	1346
17		12月	691	509	27	555	121	1903
18	第四季 汇总		1695	1338	102	1615	372	5122
19	总计		6260	5924	1735	6996	2682	23597

图 8-46　按季度、按月的汇总表

8.4.5　使用切片器快速筛选数据

如果对某个分类字段进行项目的选择性筛选，如只看华北的数据、只看华东的数据、只看产品 1 的数据、只看自营店的数据等，就单击该字段右侧的下拉按钮，展开筛选列表，然后勾选对应的项目，取消勾选其他项目。这种操作非常不方便，也不利于快速分析指定的数据。

使用切片器可以在几个字段之间快速分析指定的项目，因为可以建立多个字段的筛选器。插入切片器的基本方法如下。

步骤1　单击数据透视表的任一单元格。
步骤2　在"插入"选项卡中单击"切片器"按钮，或者在"分析"选项卡中单击"切片器"按钮。
步骤3　打开"插入切片器"对话框，选择要插入切片器的字段，如图 8-47 所示。
步骤4　单击"确定"按钮，就插入了选定字段的切片器，如图 8-48 所示。

单击切片器的某个项目，即可选择该项目，数据透视表中即显示对应该项目的数据。如果要选择多个项目，可以先单击切片器右上角的 ⋮≡ 按钮，再单击多个项目。如果要恢复全部数据，不再进行筛选，可以单击切片器右上角的"清除筛选器"按钮 ⋮。

如果不需要切片器了，可以将其删除，简单的操作方法是：选中切片器，右击，在弹出的快捷菜单中选择"剪切"命令。

还可以设置切片器的格式（如样式、字体、颜色、列数等），这些都是在切片器的"选项"选项卡中进行的。

关于切片器的更多详细操作及使用，请观看小节的视频。

图 8-47　选择要插入切片器的字段　　图 8-48　插入的切片器

8.4.6　绘制数据透视图，让分析结果可视化

在创建数据透视表时，可以一并创建数据透视表和数据透视图。如果已经创建了数据透视表，也可以使用"插入图表"命令制作一个与数据透视表连接的数据透视图。

在数据透视表的基础上绘制数据透视图是很简单的，单击数据透视表内的任一单元格，再插入图表，即可得到一个数据透视图，如图 8-49 所示。

图 8-49　创建的数据透视图

刚创建的数据透视图不太美观，例如图表上有字段按钮，很不协调，可以把这些字段按钮隐藏起来。方法是：对准某个字段按钮右击，在弹出的快捷菜单中选择"隐藏图表上的所有字段按钮"命令。最后美化一下图表，即可得到如图 8-50 所示的"表+图"结合的分析报表。

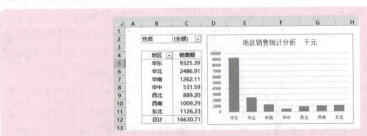

图 8-50　联合使用数据透视表和数据透视图的分析报表

8.5 快速制作明细表

数据透视表不仅可以进行汇总计算，还可以快速拆分制作明细表。这个功能在筛选复制数据、拆分工作表方面是非常有用的。

8.5.1 每次制作一个指定项目的明细表

制作完数据透视表后，可以通过双击某个汇总数据的单元格，将该汇总数据代表的所有项目的明细数据还原出来，另存到一个新工作表中。

案例 8-9 快速制作明细表

图 8-51 所示是员工基本信息表，现在要制作某个部门的员工明细表，或者制作某个学历的员工明细表，或者制作某个年龄段的员工明细表等。

	A	B	C	D	E	F	G	H	I	J	K
1	工号	姓名	所属部门	学历	婚姻状况	身份证号码	性别	出生日期	年龄	入职时间	本公司工龄
2	G0001	A0062	后勤部	本科	已婚	421122196212152153	男	1962-12-15	58	1980-11-15	40
3	G0002	A0081	生产部	本科	已婚	110108198701095755	男	1987-1-9	34	1982-10-16	38
4	G0003	A0002	总经办	硕士	已婚	131182196906114415	男	1969-6-11	51	1986-1-8	35
5	G0004	A0001	技术部	博士	已婚	320504197010062020	女	1970-10-6	50	1986-4-8	35
6	G0005	A0016	财务部	本科	未婚	431124198510053836	男	1985-10-5	35	1988-4-28	33
7	G0006	A0015	财务部	本科	已婚	320923199611081635	男	1996-11-8	24	1991-10-18	29
8	G0007	A0052	销售部	硕士	已婚	320924198008252511	男	1980-8-25	40	1992-8-25	28
9	G0008	A0018	财务部	本科	已婚	320684197302090066	女	1973-2-9	48	1995-7-21	25
10	G0009	A0076	市场部	大专	未婚	110108197906221075	男	1979-6-22	41	1996-7-1	24
11	G0010	A0041	生产部	本科	已婚	371482195810102648	女	1958-10-10	62	1996-7-19	24
12	G0011	A0077	市场部	本科	已婚	110108198109913162X	男	1981-9-13	39	1996-9-1	24
13	G0012	A0073	市场部	本科	已婚	420625196803112037	男	1968-3-11	53	1997-8-26	23

图 8-51 员工基本信息表

例如，要制作指定部门的员工明细表，就要先创建基本数据透视表，按部门统计人数，得到的部门人数统计表如图 8-52 所示。

图 8-52 部门人数统计表

如果要制作人力资源部 9 个人的明细表，双击人力资源部的统计数字 9 所在的单元格，即可创建一个新的工作表，用于保存人力资源部的员工明细数据，如图 8-53 所示。

	A	B	C	D	E	F	G	H	I	J	K
1	工号	姓名	所属部门	学历	婚姻状况	身份证号码	性别	出生日期	年龄	入职时间	本公司工龄
2	G0086	B0230	人力资源部	本科	未婚	110108198709152329	女	1987-9-15	33	2015-7-31	5
3	G0074	A0009	人力资源部	硕士	已婚	341181198801035617	男	1988-1-3	33	2013-1-26	8
4	G0068	A0008	人力资源部	本科	已婚	320503198504172517	男	1985-4-17	36	2012-4-19	9
5	G0067	A0083	人力资源部	本科	已婚	420621198912288912	男	1989-12-28	31	2011-10-18	9
6	G0056	A0013	人力资源部	本科	已婚	340621198201048935	男	1982-1-4	39	2008-10-12	12
7	G0052	A0011	人力资源部	本科	已婚	421022198503126013	男	1985-3-12	36	2007-10-15	13
8	G0045	A0010	人力资源部	大专	已婚	370881197801292540	女	1978-1-29	43	2006-11-11	14
9	G0038	A0007	人力资源部	本科	已婚	110108196609102222	女	1966-9-10	54	2005-3-9	16
10	G0026	A0012	人力资源部	本科	未婚	430124199109106224	女	1991-9-10	29	2003-5-22	18

图 8-53 人力资源部的员工明细数据

8.5.2 批量制作所有项目的明细表

如果要批量制作所有项目的明细表，可以采用下面的方法。

案例 8-10 批量制作明细表

以案例 8-9 中的员工基本信息数据为例，制作所有部门的明细表，即每个部门占一个单独的工作表。

步骤1 创建数据透视表，将所有字段都拖到"行"区域，如图 8-54 所示。

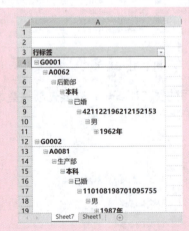

图 8-54 创建并布局数据透视表

步骤2 对数据透视表进行格式化操作，包括以下几项设置。
(1) 报表布局：以表格形式显示，并重复所有项目标签（填充空单元格）。
(2) 分类汇总：不显示分类汇总，取消所有字段的分类汇总。
(3) 总计：对行和列禁用，取消数据透视表中的所有总计。
(4) 不显示字段的折叠展开按钮。

(5) 清除默认报表样式。

(6) 取消所有日期字段的默认组合。

(7) 因为是每个部门做一个表格,所以把字段"所属部门"拖放到"筛选"窗格,得到如图 8-55 所示的基本数据透视表。

图 8-55 基本数据透视表

步骤3 选择"分析"→"选项"→"显示报表筛选页"命令,如图 8-56 所示,打开"显示报表筛选页"对话框,选择"所属部门"选项,如图 8-57 所示。

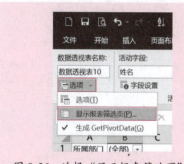
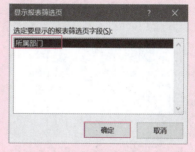

图 8-56 选择"显示报表筛选页"命令　　图 8-57 "显示报表筛选页"对话框

步骤4 单击"确定"按钮,快速创建了多个工作表,每个工作表的名称就是部门的名称,该工作表中保存了该部门中所有员工的数据,如图 8-58 所示。

图 8-58 每个部门占一个工作表

其实，这个操作的本质就是将数据透视表复制多个，在每个表中筛选每个部门，因此得到的明细表实际上还是数据透视表。

最后选择这些工作表，再选择整个工作表区域，然后选择性粘贴为数值，就得到了纯表格的数据透视表。